Mach was im Winter

moses.

Im Spiele-Teil dieses Buches (S. 51–95) findest du folgende Symbole bei den einzelnen Spielen. Sie sollen dir die Suche nach einem geeigneten Spiel erleichtern:

Unter diesem Symbol steht eine Zahl, zum Beispiel 5+. Das Spiel ist also für Kinder gedacht, die mindestens fünf Jahre alt sind. Bei den Altersangaben handelt es sich allerdings nicht um fixe Größen, da der Entwicklungsstand der einzelnen Kinder natürlich variiert.

Das Spiel kann ein Kind alleine spielen.

Das Spiel ist für mehrer Kinder geeignet.

Das Spiel sollte im Haus gespielt werden.

Das Spiel sollte draußen gespielt werden.

moses. Verlag GmbH
Arnoldstraße 13d
47906 Kempen
Fon 0 21 52 – 20 98 50
Fax 0 21 52 – 20 98 60
Mail info@moses-verlag.de
www.moses-verlag.de

ISBN 978-3-89777-441-4

Redaktion Experimente und Bastelideen: Anita van Saan
Text Spiele: Tom Dahlke
Illustrationen: Dorothea Tust und Marc Margielsky
Covergestaltung: Marc Margielsky
Layout, Typografie & Satz: pfiffikus.design und Anja Bauer
Lektorat: Anne Kristin zur Brügge
Produktmanagement: Anne Rummenie
Herstellung: Jessica Stöhr und Rico Günther

Printed in China

Vorwort

Kalt, kälter, Winter… Draußen ist es richtig ungemütlich und du weißt nicht so recht, was du machen sollst. Vor lauter Langeweile würdest du am liebsten in einen tiefen Winterschlaf fallen und wünschst dir, dass der Winter so schnell wie möglich vorbei ist? Na, dann pass mal auf!

Dieses Buch steckt voller Ideen, wie du dir die Zeit vertreiben kannst. Genau genommen sind es sogar 222 Ideen, die gute Laune und ganz viel Spaß machen. Und das ist genau das Richtige für den Winter.

Wie wäre es zum Beispiel mit ein paar spannenden Experimenten? Wusstest du schon, dass man Eiswürfel an die Leine nehmen kann? Oder hast du schon mal eine Taschenlampe selbst gebaut? Nein? Na, dann wird es ja höchste Zeit.

Du könntest aber auch ein paar witzige Spielideen ausprobieren. Du findest in diesem Band Spiele für drinnen und für draußen, für dich allein oder für mehrere. Ihr könntet doch zum Beispiel mal ein Wettrodeln für Schneemänner oder ein Erdnuss-Billard-Turnier veranstalten. Oder ihr findet heraus, wer der beste Schnipsel-Sauger ist.

Und wenn dich mal wieder das Bastelfieber packt oder du ein tolles Geschenk brauchst, zum Beispiel zu Weihnachten, sind die Bastelideen genau das Richtige.

Wie wäre es denn mit selbst gemachten Vogelfutterherzen oder einer selbst gebauten Katzen-Villa? Oder du verwandelst dich mit einer Bärenmaske bei der nächsten Faschingsparty in einen brummigen Waldbewohner.

Und das sind nur einige tolle Vorschläge, wie du den Winter zu deiner liebsten Jahreszeit machen kannst. Die anderen entdeckst du jetzt am besten selbst…

Also, Schluss mit der Langeweile! Mach was!

inhalt

Experimente (Seite 6-50)

Spiele (Seite 51-95)

Bastelideen (Seite 96-139)

Anhang

EXPERIMENTE: Seite 6-50

1. Warm verpackt

Du brauchst:
- 3 saubere, leere Marmeladengläser mit Schraubverschluss
- 1 Wollschal
- Zeitungspapier
- 1 leere Schuhschachtel (Höhe muss mit den Gläsern etwa übereinstimmen)
- warmes Wasser
- 1 Wasserthermometer (Zoohandlung)

Und so wird's gemacht:
1. Wickle eines der Gläser in den Wollschal, lass das zweite stehen.
2. Stelle das dritte Glas in die Schuhschachtel und stopfe sie rund um das Glas mit Zeitungspapier aus.
3. Gieße in jedes der drei Gläser warmes Wasser und verschließe sie mit dem Schraubdeckel.
4. Stelle die Gläser für 30 Minuten an einen kühlen Ort (z. B. im Keller).
5. Schraube die Deckel auf und miss in jedem Glas mit dem Thermometer die Wassertemperatur.

Was wird geschehen?
In den eingewickelten Gläsern ist das Wasser nicht so stark abgekühlt wie in dem ungeschützten Glas.

Warum denn das?
Die in den eingewickelten Gläsern eingeschlossene Luft bildet ein „Wärmeschutzpolster" und verlangsamt die Abkühlung des Wassers in der kalten Außenluft.

Wenn du mehr wissen willst:
Wärme bewegt sich immer vom wärmeren zum kälteren Gegenstand. Mit Wärmedämmung versucht man, den Wärmefluss, der bei einer Temperaturdifferenz (z. B. kalte Außenluft – warme Innenluft) entsteht, gering zu halten. Dazu nutzt man Materialien, die den Wärmefluss behindern. Man nennt diese zur Wärmedämmung (Wärmeisolation) genutzten Materialien Isolatoren. Schlechte Wärmeleiter und damit gute Isolatoren sind Kunststoffe, Holz, Kork und Luft.

2. Kältelähmung

Du brauchst:
- 1 Schüssel
- Eiswürfel
- Wasser
- mehrere Nähnadeln
- 1 Handtuch

Und so wird's gemacht:
1. Lege die Nähnadeln auf den Tisch, daneben die Schüssel und das Handtuch.
2. Fülle die Schüssel mit Wasser und lasse die Eiswürfel hineinfallen.
3. Tauche deine rechte Hand (Linkshänder ihre linke) 20-30 Sekunden lang ins Eiswasser.
4. Trockne deine Hand mit dem Handtuch rasch ab und versuche sofort, die Nadeln auf zuheben.

Was wird geschehen?
Deine Finger scheinen nicht mehr richtig greifen zu können. Es fühlt sich an, als wären sie eingeschlafen.

Warum denn das?
Kälte schwächt die Sensibilität der Rezeptoren in der Haut. Dadurch können die Finger den Gegenstand, nach dem sie greifen, nicht mehr so gut spüren.

3. Taupunkt

Du brauchst:
- 1 Bleistift
- Papier
- 1 leere Konservendose
- 1 Raumthermometer
- Eiswürfel

Und so wird's gemacht:
1. Miss die Lufttemperatur und schreibe sie auf das Papier.
2. Fülle die Dose mit Wasser und trockne sie an den Außenwänden ab.
3. Stecke das Thermometer ins Wasser und miss erneut die Temperatur.
4. Gib nach und nach die Eiswürfel dazu und beobachte das Thermometer und die Außenwand der Dose.

Was wird geschehen?
Die Temperatur des Wassers in der Dose sinkt und an den Außenwänden der Dose bilden sich winzige Tröpfchen.

Warum denn das?
Die Temperatur hat den Taupunkt erreicht. Der in der Luft enthaltene Wasserdampf kondensiert an der kalten Außenwand. Die Wassermoleküle gehen vom gasförmigen in den flüssigen Zustand über, es bilden sich Tropfen.

Wenn du mehr wissen willst:
Tau entsteht, wenn feuchte Luft an einem Gegenstand kondensiert und Tröpfchen bildet. Der Taupunkt ist der Punkt, an dem die Luft mit Feuchtigkeit gesättigt ist. Die relative Luftfeuchtigkeit liegt nun bei 100 %. Tau bildet sich nachts vor allem auf Pflanzen, die sich abgekühlt haben. Ist der Wassergehalt der Luft niedrig, entsteht der Tau erst bei niedrigen Lufttemperaturen. Ist er hoch, kann sich auch im Sommer bei 20° C Tau bilden.

4. Verhüllter Spiegel

Du brauchst:
- 1 Spiegel im eiskalten Auto

Und so wird's gemacht:
Hauche gegen den Spiegel.

Was wird geschehen?
Der Spiegel wird „blind", er bildet einen Beschlag und du kannst dein Spiegelbild nicht mehr erkennen.

Warum denn das?
Der Wasserdampf aus deinen Lungen kondensiert, d. h. er verwandelt sich beim Abkühlen in kleine Tröpfchen, die sich am Spiegel niederschlagen.

5. Wolkenbildung

Du brauchst:
- 1 Topf
- 1 Kanne mit heißem Wasser
- 1 Schale mit Eiswürfeln

Und so wird's gemacht:
Gieße das heiße Wasser in den Topf und halte über den Wasserdampf die Eiswürfelschale.

Was wird geschehen?
Es entsteht eine Wolke.

Warum denn das?
Der Wasserdampf kondensiert und bildet winzige Wassertropfen, die in der Luft schweben wie in einer Wolke.

6. Schneegestöber

Du brauchst:
- Schneeflocken
- 1 Lupe

Und so wird's gemacht:
1. Versuche bei einem Schneegestöber einzelne Schneeflocken aufzufangen.
2. Betrachte sie unter der Lupe.

Was wird geschehen?
Du erkennst, dass Schneeflocken aus einzelnen Schneekristallen zusammengesetzt sind.

Warum denn das?
Schneeflocken sind gefrorene Regentropfen, die im Eiszustand Kristalle bilden. Frisch gefallener Schnee ist eine pulverartige Masse aus locker gepackten Schneeflocken, die aus einzelnen Schneekristallen zusammengesetzt sind. Man bezeichnet ihn manchmal auch als Pulverschnee. Wenn die gefallenen Schneeflocken altern, bauen sich ihre Kristalle ab. Die Schneeflocken verdichten sich und gehen in eine körnige Form des Schnees über. So verdichtet sich der Schnee in eine immer dichtere Form, die man als Altschnee oder Firn bezeichnet. Durch weitere Überdeckung und Alterung bildet sich schließlich Gletschereis.

7. Eisball

Du brauchst:
- Schnee
- 1 Gefrierfach

Und so wird's gemacht:
1. Forme aus Schnee einen festen, harten Ball.
2. Lasse den Schneeball leicht anschmelzen und lege ihn für 30 Minuten ins Gefrierfach oder bei Frosttemperaturen ins Freie.

Was wird geschehen?
Der Schneeball verwandelt sich in einen Eisball, in einen Minigletscher.

Warum denn das?
Druck und tiefe Temperaturen haben die locker gepressten Schneekristalle zusammengepresst und in eine feste Masse umgewandelt.

Wenn du mehr wissen willst:
Für Geologen ist Eis ein Gestein, eine Masse aus kristallinen Körnern des Materials Eis. Das Gestein Eis entsteht dadurch, dass die locker gepackten Schneekristalle gewissermaßen altern und in eine feste Masse rekristallisieren (noch einmal kristallisieren). Eis ist hart wie die meisten Gesteine, hat aber eine geringere Dichte. Es wird in Schichten an der Erdoberfläche abgelagert und unter Druck in eine feste Masse umgewandelt. Du kennst das sicher noch vom Gehweg vor deinem Haus. Hat es frisch darauf geschneit, und viele Menschen laufen darüber, entsteht durch den Druck, den die Menschen auf den Schnee durch ihr Gewicht ausüben, Eis.

8. Mini-iglu

IM FREIEN

Du brauchst:
- Schnee
- 1 Teelicht
- Streichhölzer

Und so wird's gemacht:
1. Forme draußen im Garten oder auf dem Balkon aus Schnee eine kuppelförmige Höhle und setze das Teelicht hinein.
2. Zünde das Teelicht an.

Was wird geschehen?
Es entsteht ein Mini-Iglu, das von der Flamme des Teelichts innen erwärmt und beleuchtet wird. Das Iglu schmilzt nicht, wenn der Abstand zwischen der Flamme und der Höhlendecke groß genug ist.

Warum denn das?
Iglus sind kuppelförmig gebaute Hütten der Eskimos in Grönland und Alaska. Sie werden aus Schneeblöcken gebaut und reflektieren Licht und Wärme zu 75 %. Weil außerdem die Außentemperaturen sehr niedrig sind, schmilzt das Iglu nicht. Im Inneren liefern Lampen mit Tierfett als Brennstoff Licht und Wärme.

9. Deformation durch Eis

Du brauchst:
- zerkleinertes Eis
- 1 Plastikflasche mit Deckel

Und so wird's gemacht:
1. Fülle das zerkleinerte Eis in die Flasche und schraube den Deckel darauf.
2. Schüttle die Flasche kräftig, sodass die Wände abkühlen. Lege sie mit der Bauchseite auf den Tisch.

Was wird geschehen?
Die Flasche zieht sich zusammen und verformt sich.

Warum denn das?
Das Eis kühlt die Luft in der Flasche ab. Dadurch zieht sie sich zusammen und nimmt an Volumen ab. Die Luft von außen drückt auf die Wände der Flasche und verformt sie.

10. Ausdehnung

ZEITINTENSIV

Du brauchst:
- 1 Glas mit Schraubdeckel
- Wasser
- 1 Gefrierfach

Und so wird's gemacht:
1. Fülle das Glas randvoll mit Wasser.
2. Stelle das vollgefüllte Glas ins Gefrierfach oder bei Frostemperaturen in den Garten.
3. Lege den Deckel auf die Öffnung des Glases, schraube sie aber nicht zu.
4. Hole das Glas am nächsten Tag aus dem Gefrierfach.

Was wird geschehen?
Das Wasser ist gefroren, dabei über den Rand des Glases gestiegen und hat den Deckel angehoben.

Warum denn das?
Wasser dehnt sich beim Gefrieren aus. Die Eismoleküle ordnen sich in hexagonalen (sechseckigen) Strukturen an und haben so einen größeren Abstand voneinander als im flüssigen Zustand.

11. Sprengkraft

IM FREIEN

Du brauchst:
- 1 kleine Glasflasche, randvoll mit Wasser gefüllt
- eiskaltes Wetter

Und so wird's gemacht:
Stelle die Flasche bei 0° C in eine Gartenecke und lass sie dort über Nacht stehen.

Was wird geschehen?
Am nächsten Tag ist die Flasche zerbrochen.

Warum denn das?
Wasser dehnt sich beim Abkühlen unter 4° C aus. Der Druck des ausgedehnten, gefrorenen Wassers (Eis) ist so groß, dass die Glasflasche platzt.

Wenn du mehr wissen willst:
Nur Wasser hat die Eigenschaft sich bei Kälte auszudehnen. Die meisten Körper ziehen sich bei Abkühlung zusammen. Bei Temperaturen unter 4° C halten Wassermoleküle in einer festen Struktur zusammen. Diese Hexagonalstruktur braucht sehr viel Platz, deshalb dehnt sich Wasser beim Gefrieren aus.

12. Eisberg

Du brauchst:
- 1 kleine Gefrierdose, mit Wasser gefüllt
- 1 Schüssel
- 1 Tiefkühlfach
- warmes Wasser
- 1 Filzstift

Und so wird's gemacht:
1. Setze die Gefrierdose ins Tiefkühlfach oder bei Frosttemperaturen in den Garten und lass das Wasser über Nacht gefrieren.
2. Fülle die Schüssel mit warmem Wasser und markiere den Wasserstand außen auf der Glaswand mit einem Filzstift.
3. Hole die Gefrierdose aus dem Tiefkühlfach, löse den Eisklotz heraus und setze ihn in der Schüssel ab.
4. Markiere den gestiegenen Wasserstand und warte ab.

Was wird geschehen?
Der Eisklotz schwimmt zunächst im Wasser, der größte Teil des Eises liegt jedoch unter Wasser. Wenn der Eisklotz im warmen Wasser geschmolzen ist, schwappt das Wasser nicht über die Schüssel. Der Wasserspiegel bleibt gleich.

Warum denn das?
Eis hat eine geringere Dichte und ein größeres Volumen als Wasser. Nach dem Schmelzen ist die Dichte des Wassers höher, das Volumen geringer als im Eiszustand. Deshalb ändert sich der Wasserspiegel nach dem Schmelzen des Eises nicht.

Wenn aber Eis im Gebirge schmilzt, ins Tal fließt und in Bäche und Flüsse mündet, steigt hier jedoch der Wasserspiegel erheblich an.

Wenn du mehr wissen willst:
Auf der Erde sind 25 Millionen Kubikkilometer Wasser als Eis gebunden. Wenn diese Eismassen alle auf einmal schmelzen würden, würden die Meere um 65 m ansteigen. Viele von Menschen bewohnte Regionen (unter anderem auch die Städte London, Los Angeles, Tokio, Hamburg, Berlin) würden in diesem (äußerst unwahrscheinlichen Fall) überflutet werden. Wissenschaftler gehen jedoch davon aus, dass die gesamten Eismassen selbst in den nächsten Millionen Jahren nicht abschmelzen werden. Ein geringer Anstieg des Meeresspiegels ist allerdings gar nicht so unwahrscheinlich. Denn durch Erwärmung des Klimas könnte es nach wissenschaftlichen Berechnungen bereits im nächsten Jahrhundert zum verstärkten Abschmelzen des Gletschereises kommen. Schon eine globale Erwärmung um wenige Grad würde den Meeresspiegel um mehrere Meter ansteigen lassen. In tiefliegenden Küstengebieten (z. B. in Bangladesh) müsste man in diesem Fall mit Überflutungen rechnen.

13. Eiswürfeltrick

Du brauchst:
- 1 Eiswürfel
- 1 Glas, mit kaltem Wasser gefüllt
- 1 Bindfaden
- 1 Prise Salz

Und so wird's gemacht:
1. Lass den Eiswürfel in das Wasserglas fallen. (Er wird auf dem Wasser schwimmen.)
2. Lege das eine Ende des Bindfadens auf den Eiswürfel.
3. Streue Salz über die Stelle, an der der Faden auf dem Eiswürfel liegt.

Was wird geschehen?
Der Faden friert an dem Eiswürfel fest und man kann ihn am Faden aus dem Wasser heben.

Warum denn das?
Das Salz setzt den Gefrierpunkt des Wassers herab. Dadurch schmilzt der Eiswürfel an der Oberfläche leicht an. Wenn das Eis dann wieder gefriert, ist der Faden am Eis festgefroren.

Wenn du mehr wissen willst:
Im gefrorenen Zustand bewegen sich die einzelnen Moleküle der Flüssigkeit nicht, sie werden zusammengehalten. Durch Erwärmung brechen die Bindungen auf, der Festkörper schmilzt. Die Temperatur in der schmelzenden Masse steigt jedoch erst dann wieder an, wenn sie ganz geschmolzen ist.

14. Salzeis

ECHT EASY!

Du brauchst:
- 1 Metallbecher, zur Hälfte mit kaltem Wasser gefüllt
- 1 große Schüssel mit Wasser
- zerkleinertes Eis
- Salz
- 1 Löffel

Und so wird's gemacht:
1. Stelle den wassergefüllten Becher in die Schüssel.
2. Lege ins Wasser der Schüssel gekörntes Eis und streue Salz dazu.
3. Rühre das Wasser-Eis-Salz-Gemisch um.

Was wird geschehen?
Nach einiger Zeit ist das Wasser im Becher gefroren.

Warum denn das?
Beim Lösen in Wasser drängen sich die Wassermoleküle zwischen die Salzteilchen. Dabei verliert die Salzlösung Energie, sie kühlt ab.

Wenn du mehr wissen willst:
Salz und zerkleinertes Eis sind ein Gemisch zur Kälteerzeugung. Das Salz löst sich auf, wenn das Eis schmilzt. Sowohl beim Schmelzen, als auch beim Auflösen des Salzes wird Wärme verbraucht. Mischt man zerkleinertes Eis mit Salz im Verhältnis 2:1 können bis zu -20° C erreicht werden.

15. Salzsole

Du brauchst:
- 1 leeres Marmeladenglas
- durchsichtige Plastikfolie
- Salz
- Eiswürfel

Und so wird's gemacht:
1. Lege die Plastikfolie auf den Tisch und schütte einen Esslöffel Wasser darauf.
2. Fülle ein paar zerdrückte Eiswürfel ins Glas, gib eine Hand voll Salz dazu und rühre alles gründlich um.
3. Stelle das Glas auf die nasse Stelle der Plastikfolie.

Was wird geschehen?
Das Wasser auf der Plastikfolie gefriert, das Eis im Glas ist geschmolzen.

Warum denn das?
Salzwasser gefriert erst bei sehr viel tieferen Temperaturen als reines Wasser. Deshalb bringt das Salz das Eis zum Schmelzen. Beim Schmelzen wird aber Wärme verbraucht. Daher kühlt sich die entstehende Flüssigkeit stark (auf bis zu -10° C) ab. Diese „Salzsole" ist viel kälter als das ursprüngliche Eis und lässt daher das Wasser auf der Plastikfolie durch das Glas hindurch gefrieren. Mit solchen Kältemischungen aus Eis und Salz wurde früher, vor Erfindung der Tiefkühltruhe, im Sommer Speiseeis hergestellt.

16. Eis ohne Kühlschrank

ECHT EASY!

Du brauchst:
- 1 Löffel Kakaopulver
- 2 Esslöffel Milch
- 1 Esslöffel Sahne
- mehrere Eiswürfel aus dem Gefrierfach
- 1 Schüssel
- 1 Glas
- Salz
- 1 Küchenhandtuch

Und so wird's gemacht:
1. Verrühre Kakao, Milch und Sahne im Glas.
2. Lege Eiswürfel in die Schüssel und stelle das Glas mit der Kakaomischung darauf.
3. Verteile eine weitere Schicht Eiswürfel rund um das Glas und bestreue sie kräftig mit Salz.
4. Lege ein Küchenhandtuch über die Schüssel, um zu verhindern, dass Wärme von außen in die Schüssel gelangt.
5. Stelle die Schüssel eine Stunde lang in einen kühlen Raum und rühre alle fünf Minuten das Glas um.

Was wird geschehen?
Deine Milch-Kakao-Sahnemischung ist zu feiner Eiscreme gefroren.

Warum denn das?
Das Salz bringt die Eiswürfel zum Schmelzen. Beim Schmelzvorgang wird aber Wärme verbraucht. Diese Wärme holt sich das Eis aus der Kakaomischung. Dadurch kühlt diese so stark ab, dass sie zu Eis gefriert. Lass es dir schmecken!

17. Streusalz gegen Glatteis

IM FREIEN

Du brauchst:
- 1 Plastikteller mit Schnee
- (Streu-) Salz

Und so wird's gemacht:
1. Drücke den Schnee auf dem Teller platt und lass ihn bei Temperaturen weit unter 0°C über Nacht draußen stehen (Der Schnee wird zu Eis gefrieren).
2. Streue (Streu-) Salz auf den gefrorenen Schnee.

Was wird geschehen?
Der Schnee taut an der Oberfläche an und gefriert nicht mehr.

Warum denn das?
Das Salz löst sich in dem kleinen Anteil Wasser, der im Eis und Schnee immer vorhanden ist. Dabei drängen sich die Wassermoleküle zwischen die Salzteilchen, die Salzlösung verliert Energie, sie wird kälter und kann Temperaturen unter -10° C erreichen. Die Salzlösung gefriert aber nicht schon bei 0° C wie reines Wasser oder bei -10° C, sondern erst bei wesentlich tieferen Temperaturen. Durch Salzstreuen kann man somit Glatteisbildung verhindern.

18. Schneezement

IM FREIEN

Du brauchst:
- Schneematsch (schmelzender Schnee)
- 1 Schüssel
- (Streu-) Salz

Und so wird's gemacht:
1. Fülle die Schüssel mit Schneematsch und lass ihn draußen bei Sonnenschein stehen.
2. Streue Salz darauf.

Was wird geschehen?
Der Schnee beginnt nach einiger Zeit zu gefrieren.

Warum denn das?
Wird das Salz auf den Schneematsch gestreut, löst es sich teilweise und entzieht der Umgebung Wärme. Die Salzlösung wird zunächst kälter, kann aber nicht gefrieren, da ihr Gefrierpunkt weit unter 0° C liegt. Da der tauende Schnee aber nach und nach Schmelzwasser bildet, verdünnt sich die kalte Salzlösung. Durch die Verdünnung steigt der Gefrierpunkt des Salz-Wasser-Schnee-Gemisches wieder an. Deshalb beginnt der Schnee nun ab einem bestimmten Punkt wieder zu gefrieren. Ob Schneematsch durch Streusalzzugabe gefriert, ist also eine Frage der Dosierung des Verhältnisses von Salz zu Schnee bzw. Schmelzwasser.

19. Gletscher

ÜBUNG UND GEDULD

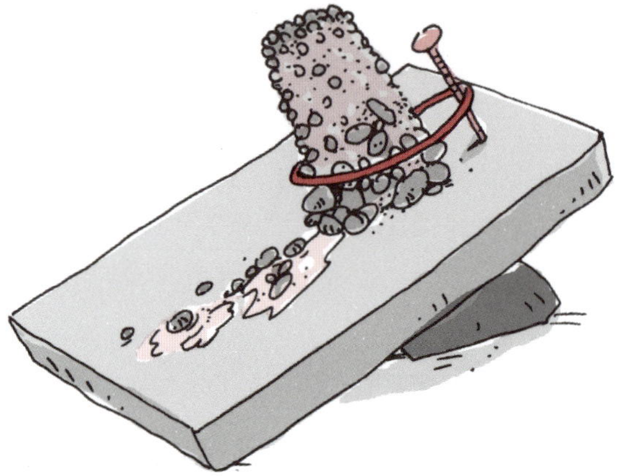

Du brauchst:

- 1 Partybecher
- Sand
- kleine Kieselsteine
- Wasser
- 1 Brett
- 1 schweren Stein oder eine andere stabile Unterlage
- 1 Hammer
- 1 dicken Gummiring (z. B. Einmachring)
- 1 Nagel
- 1 Gefrierfach

Und so wird's gemacht:

1. Fülle den Becher ca. 2 cm hoch mit Sand und Kieselsteinen und gieße ihn so mit Wasser auf, dass ungefähr 3/4 des Bechers gefüllt sind.
2. Stelle den Becher über Nacht ins Gefrierfach oder bei Frosttemperaturen draußen in den Garten oder auf den Balkon.
3. Nimm den gefrorenen Becher heraus, fülle ihn bis an den Rand mit Sand, Kieselsteinen und Wasser und stelle ihn erneut ins Gefrierfach.
4. Schlage an einem Ende des Bretts einen Nagel ein.
5. Stelle das Brett auf eine stabile Unterlage, sodass es einen „Abhang“ bildet.
6. Hole den gefrorenen Becher aus dem Gefrierfach und stelle ihn kurz in heißes Wasser, bis er etwas schmilzt und der gefrorene Inhalt, dein „Gletscher“, aus dem Becher herausgleiten kann.
7. Lege ein Gummiband um den „Gletscher“, stelle ihn oben auf das Brett und befestige ihn am Nagel.

Was wird geschehen?

Das Eis schmilzt, Sand und Kies lösen sich in Klumpen und rutschen mit dem Wasser den Abhang hinunter. An manchen Stellen bleibt eine Sand-Kies-Spur zurück, eine „Gletschermoräne“.

Warum denn das?

Gletscher nennt man Eismassen im Gebirge, die, wenn sie schmelzen, ins Tal hinabgleiten, dabei Gestein und Erdreich vor sich herschieben und ablagern.

Wenn du mehr wissen willst:

Gletscher entstehen dort, wo das Klima so kalt ist, dass der Schnee in der wärmeren Jahreszeit anstatt abzuschmelzen, durch Umkristallisation zu Eis wird. Sie wachsen auch, wenn sich in ihren oberen Regionen mehr Schnee ansammelt als in ihrem unteren Bereich schmilzt. Das an der Sohle und den Seiten eines Gletschers eingeschlossene, aufgelockerte Gestein wird unter ihm zerkleinert und zermahlen. Wenn Gletscher sich bewegen, führen sie stets Gesteinsmaterial (Blöcke, Geröll, Sand, Ton) mit sich und lagern es schließlich dort ab, wo das Eis schmilzt.

20. Pendeluhr

Du brauchst:
- 4 Stück Bindfaden unterschiedlicher Länge (25, 50, 97,5 und 120 cm)
- 1 Schraubenmutter
- 1 Deckenhaken
- 1 Uhr mit Sekundenzeiger
- Papier
- 1 Bleistift

Und so wird's gemacht:
1. Binde die Schraubenmutter an ein Ende der 120 cm langen Schnur, das andere befestigst du an dem an der Decke befestigten Haken.
2. Ziehe die Schnur etwas zur Seite, sodass sie hin- und herpendelt. Zähle, wie oft sie in 60 Sekunden hin- und herschwingt.
3. Wiederhole die Schritte 1-2 mit den anderen, kürzeren Bindfadenstücken.

Was wird geschehen?
Nur die Schraubenmutter an dem 97,5 cm langen Bindfadenstück pendelt in 60 Sekunden 60 mal hin und her.

Warum denn das?
Je länger das Pendel ist, desto länger benötigt es für einen Ausschlag, unabhängig davon, wie schwer das Gewicht ist und wie weit das Pendel ausschlägt. Wenn ein 97,5 cm langer Bindfaden 60 mal pro Minute hin- und herschwingt, verstreicht mit jedem Ausschlag eine Sekunde.

Wenn du mehr wissen willst:
Ein Gewicht, das an einem Faden, Stab oder Draht hängt und hin- und herschwingt, nennt man Pendel. Die Periode eines Pendels ist die Zeit, in der es einmal hin- und herschwingt. Sie wird beeinflusst durch die Länge der Schnur, das Gewicht des Pendelkopfs spielt dagegen keine Rolle. Eine weite Schwingung dauert genauso lang wie eine kurze. Jede Schwingung besteht aus einer regelmäßigen Hin- und Herbewegung. Manche Schwingungen erzeugen Schallwellen, d. h. Schwingungen der Luft, die sich als Wellen ausbreiten.
Das Prinzip der Pendeluhr wurde 1673 von dem niederländischen Physiker und Mathematiker Christiaan Huygens (1629-1695) erfunden.

21. Sichtbare Schallwellen

Du brauchst:
- 1 leere Konservendose
- 1 Dosenöffner
- 1 Luftballon
- 1 Schere
- 1 Gummiring
- 1 Spiegelscherbe oder ein Stück Alufolie
- Klebstoff

Und so wird's gemacht:
1. Schneide an einem sonnigen Tag mit dem Dosenöffner den Boden der leeren Konservendose aus.
2. Spanne die Haut eines Luftballons flach über eine Öffnung der Dose und fixiere sie mit einem Gummiring.
3. Klebe eine kleine quadratische Spiegelscherbe oder ein Stück Alufolie auf die gespannte Ballonhaut.
4. Versuche mit dem Spiegel bzw. der Alufolie aus dem Fenster Sonnenlicht aufzufangen und bewege die Dose so, dass das Licht an der Wand zu sehen ist.
5. Schrei laut in die freie Öffnung der Dose und beobachte dabei das Lichtquadrat an der Wand.

Was wird geschehen?
Das Quadrat bewegt sich, wenn du schreist.

Warum denn das?
Die Ballhaut nimmt die Vibration deiner Stimme auf und beginnt zu schwingen. Der aufgeklebte Spiegel schwingt mit, das reflektierte Licht an der Wand bewegt sich mit den von dir erzeugten Geräuschen.

Wenn du mehr wissen willst:
Ein schwingender Körper (z. B. eine Stimmgabel) verursacht Schall, d. h. Druckunterschiede in der ihn umgebenden Luft. Die Bereiche mit hohem und geringem Druck, also Verdichtungen und Verdünnungen der Luft, breiten sich als Schallwellen aus. Der Schall ist zu hören, wenn die Druckänderungen das Ohr erreichen.

22. Schwingende Feder

Du brauchst:
- 1 Drahtfeder (Spirale)

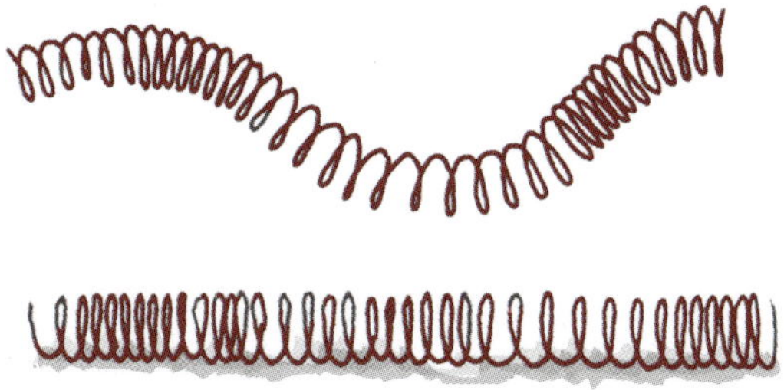

Und so wird's gemacht:
Ziehe die Drahtfeder zuerst auseinander und schiebe sie dann wieder zusammen.

Was wird geschehen?
Beim Auseinanderziehen erzeugst du in der Feder eine Schwingung, die an der Spule entlang läuft. Du erkennst Verdichtungen und Verdünnungen, wie in der Abbildung gezeigt. So ähnlich kann man sich die Schwingungen des Schalls vorstellen.

Warum denn das?
Schallwellen sind mechanische Schwingungen, die beim Durchgang von Schall in einem Medium (z. B. Luft) entstehen. Eine Schallwelle versetzt die Luft in Schwingung. Die Schwingungen breiten sich in der Luft aus. Eine Schallwelle besteht aus Gebieten mit hohem Druck (den Verdichtungen) und Gebieten mit niedrigem Druck (Entdichtungen). Bei hohem Druck sind die Luftmoleküle dichter, bei Entdichtungen sind sie weiter voneinander entfernt als normal.

Wenn du mehr wissen willst:
Schallwellen sind Longitudinalwellen, d. h. Schwingung und Wellenausbreitung laufen in gleicher Richtung. Die Moleküle der Luft bewegen sich aufeinander zu und voneinander weg in derselben Richtung wie die Welle und erzeugen dabei Bereiche hohen und niedrigen Luftdrucks.

23. Das springende Salzkorn

ECHT EASY!

Du brauchst:
- Plastikfolie (z. B. ein geplatzter Luftballon)
- 1 Gummiband
- 1 kleine Plastikschale
- 1 Topf
- 1 Kochlöffel
- grobkörniges Salz oder Reiskörner

Und so wird's gemacht:
1. Spanne die Plastikfolie über die Schale und befestige sie mit einem Gummiband.
2. Lege die Salz- bzw. Reiskörner auf die gespannte Folie.
3. Halte den Topf in die Nähe der Schale und klopfe kräftig mit dem Holzlöffel gegen die Topfwand.

Was wird geschehen?
Die Salzkörner hüpfen in die Luft.

Warum denn das?
Durch dein Klopfen vibriert die Luft, es bilden sich Schallwellen, du nimmst das Geräusch wahr. Die Schallwellen treffen auf die Schüssel und lassen die Folie vibrieren. Die Salzkörner werden von den Schwingungen in Bewegung versetzt und in die Luft gewirbelt.

24. Gespensterschrei

Du brauchst:
- 1 Stück Zellophan

Und so wird's gemacht:
1. Straffe das Zellophan zwischen beiden Händen.
2. Führe das gespannte Stück Zellophan an deine Lippen und blase kräftig gegen die Kante des Zellophans. Presse dabei die Lippen eng zusammen, damit der erzeugte Luftstrom dünn ist.

Was wird geschehen?
Es ertönt ein scheußlicher Ton.

Warum denn das?
Dein Pusten lässt die Kante des Zellophans vibrieren. Da das Zellophan sehr dünn ist, wird es durch den Luftstrom besonders schnell in Schwingung versetzt. Je schneller etwas vibriert, desto höher ist der erzeugte Ton.

25. Wassermusik

ECHT EASY!

Du brauchst:
- 8 Trinkgläser, möglichst gleich groß
- Wasser
- 1 Bleistift

Und so wird's gemacht:
1. Fülle die Gläser unterschiedlich hoch mit Wasser und stelle sie in einer Reihe auf den Tisch.
2. Klopfe mit dem Bleistift leicht gegen den Rand der einzelnen Gläser.

Was wird geschehen?
Jedes Glas gibt einen anderen Ton von sich. Je weniger Wasser im Glas ist, desto höher ist der Ton.

Warum denn das?
Das Glas vibriert, wenn du dagegen klopfst. Je weniger Wasser sich im Glas befindet, desto schneller schwingt es und desto höher ist der Ton.

26. Hohe und tiefe Töne

Du brauchst:
- 2 unterschiedlich lange Plastiklineale
- 1 Klebeband
- 1 Tisch

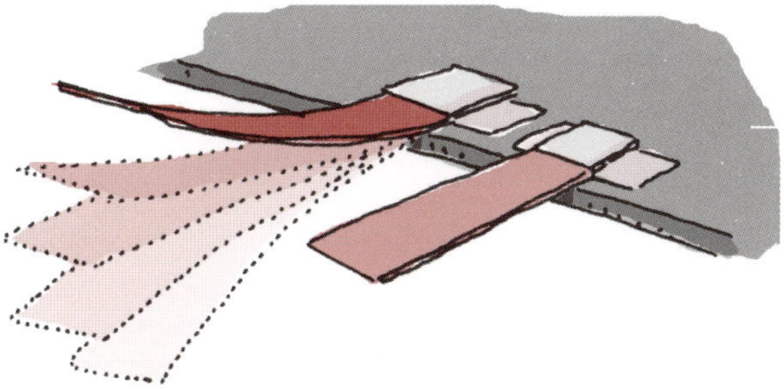

Und so wird's gemacht:
1. Klebe die Lineale mit Klebeband so auf den Tisch, dass ungefähr ein Viertel auf der Tischplatte liegt und der Rest übersteht.
2. Stoße mit dem Finger erst das kürzere, dann das längere Lineal an, sodass sie vibrieren.

Was wird geschehen?
Das längere Lineal vibriert stärker und erzeugt einen tiefen, dumpfen Ton. Das kurze Lineal vibriert schneller. Dabei entsteht ein höherer Ton.

Warum denn das?
Töne entstehen durch Schwingungen von elastischen Körpern, die die Luft vibrieren lassen. Sie unterscheiden sich in ihrer Frequenz voneinander, d. h. in der Anzahl der Schwingungen pro Sekunde. Viele Schwingungen pro Sekunde (kleines Lineal) erzeugen hohe Töne, tiefe Töne entstehen durch wenige Schwingungen pro Sekunde (großes Lineal).

27. Schüsselmusik

ECHT EASY!

Du brauchst:
- 1 leere Flasche
- 1 Salatschüssel
- 1 Bleistift mit Radiergummi

Und so wird's gemacht:
1. Drehe die Salatschüssel mit der Öffnung nach unten um und stülpe sie über die Flasche.
2. Halte dein Ohr ganz nah an die Schüssel und klopfe mit dem Gummiende des Bleistifts gegen die Schüssel. Achte auf das Geräusch, das entsteht.
3. Halte nun die Schüssel mit einem Finger fest, während du gegen sie klopfst.

Was wird geschehen?
Diesmal hörst du keinen Ton.

Warum denn das?
Der Ton entsteht, wenn die Schüssel vibriert. Wenn man beim Klopfen gleichzeitig die Schüssel festhält, unterbricht man die Vibration und damit auch den Ton.

28. Ballonverstärker

Du brauchst:
- 1 Luftballon

Und so wird's gemacht:
1. Puste den Ballon auf und knote ihn zu.
2. Klopfe mit dem Finger auf den Ballon und achte auf das Geräusch, das entsteht.
3. Halte den Ballon ganz nah an dein Ohr.
4. Klopfe mit deinem Finger auf den Ballon an der Stelle, die am weitesten von deinem Ohr entfernt ist.

Was wird geschehen?
Der Ton, den du durch das Klopfen erzeugt hast, ist nun viel lauter.

Warum denn das?
Die Luft ist im Ballon ganz eng zusammengepresst. Die Luftmoleküle liegen viel enger zusammen als in der Außenluft. Dadurch kann die Luft im Ballon die Schallwellen besser übertragen, der Ton wird lauter.

Wenn du mehr wissen willst:
Die Lautstärke des Schalls ist abhängig vom Druck der Schallwelle. Laute Töne entstehen durch große Druckänderungen, leise durch kleine. Ein Resonanzkörper verstärkt die Amplitude der Schwingungen (d.h. die Höhe der Wellenberge und die Tiefe der Wellentäler), der Schall wird lauter.

29. Lauter Wecker

Du brauchst:
- 1 Holzstock (ca. 1 m)
- 1 laut tickenden Wecker

Und so wird's gemacht:
Halte den Holzstock so, dass ein Ende den Wecker berührt und das andere an deine Ohrmuschel reicht.

Was wird geschehen?
Der Wecker erscheint lauter.

Warum denn das?
Der Holzstab leitet die Schallwellen besser weiter als die Luft.

30. Gummigitarre

Du brauchst:
- 1 viereckige Metallschale
- Gummibänder in unterschiedlicher Dicke
- 2 Bleistifte

Und so wird's gemacht:
1. Spanne die Gummibänder im Abstand von einem Zentimeter über die Längsseite der Schale.
2. Zupfe an den Gummis und achte auf die Töne, die zu hören sind.
3. Schiebe die Bleistifte unter die Gummibänder und zupfe noch einmal an den Gummis.

Wenn du mehr wissen willst:
Trotz gleicher Tonhöhe klingen Stimmen, Geräusche, Musikinstrumente ganz unterschiedlich. Sie haben unterschiedliche Klangfarben. Der Klang ist abhängig von der Form der Schallwelle. Gleichmäßige Druckänderungen innerhalb der Schallwelle ergeben sanfte, plötzliche härtere Klänge.

Resonanz ist die Steigung der Schwingungsweite (Amplitude, Höhe der Wellenberge und Tiefe der Wellentäler) durch eine Kraft, die die Eigenfrequenz eines schwingenden Gegenstands verstärkt.

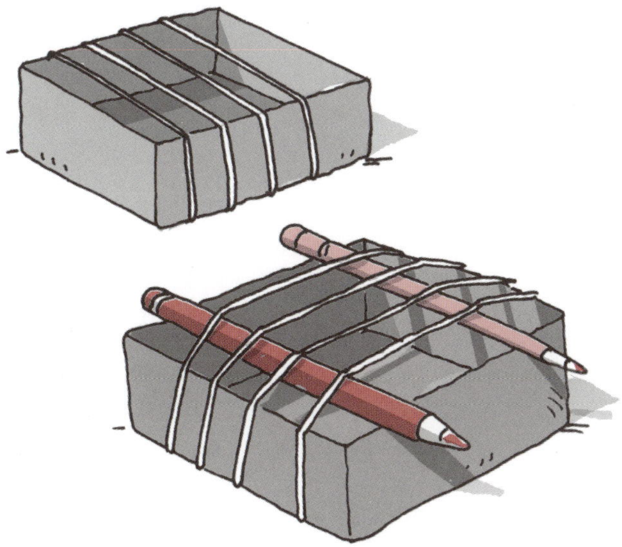

Was wird geschehen?
Die Töne erscheinen wesentlich klarer, wenn die Bleistifte unter die Gummis gespannt werden.

Warum denn das?
Die Bleistifte heben die Gummis so ab, dass sie besser schwingen können und nicht durch Reibung an der Schalenwand behindert werden. Die Bleistifte wirken als Resonanzkörper, indem sie auch die Luft in der Schale vibrieren lassen. Alle Saiteninstrumente haben einen Resonanzkörper, in dem die Luft vibriert und dadurch die Töne verstärkt.

31. Der klingende Tisch

Du brauchst:
- 1 Holztisch
- 1 Stuhl

Und so wird's gemacht:
1. Klopfe auf den Tisch und achte auf das Geräusch, das entsteht.
2. Setz dich auf den Stuhl und lege dein Ohr auf die Tischplatte.
3. Klopfe nun mit dem Finger, ungefähr 30 cm von deinem Ohr entfernt, auf den Tisch.

Was wird geschehen?
Der Ton erscheint viel lauter, wenn das Ohr auf dem Tisch liegt.

Warum denn das?
Schallwellen breiten sich nicht nur in der Luft, sondern auch in festen Stoffen aus. Holz leitet die Schallwellen erheblich besser als Luft, weil im Holz die Moleküle enger beieinander liegen als in der Luft.

Wenn du mehr wissen willst:
Schall breitet sich nicht in allen Materialien gleich schnell aus. Die Schallgeschwindigkeit liegt in 20° C warmer Luft auf Meereshöhe bei 344 Meter pro Sekunde (m/s). In kalter Luft bewegt sich der Schall langsamer. In Wasser und Holz breitet sich Schall schneller aus als in Luft. Er erreicht in Wasser 1.483 m/s, in Holz 4.000 m/s!

32. Hörgerät

Du brauchst:
- 1 Stück Karton (70 x 50 cm)
- Klebeband
- 1 Radio

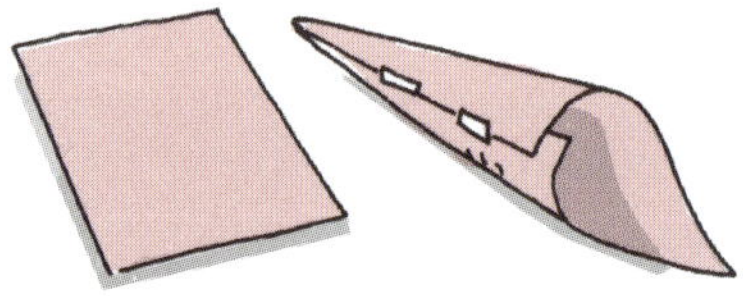

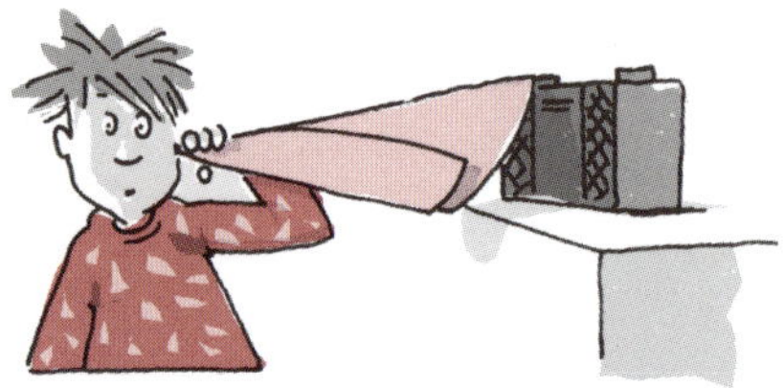

Und so wird's gemacht:
1. Rolle das Papier so zusammen, dass eine Tüte entsteht, wie in der Abbildung gezeigt. Fixiere deine Tüte mit dem Klebeband.
2. Schalte das Radio an und drehe die Lautstärke so, dass du kaum noch etwas verstehst.
3. Halte das schmale Ende der Papiertüte an dein Ohr und die große Öffnung an das Radio.

Was wird geschehen?
Du kannst die Töne besser hören, als ohne „Hörgerät".

Warum denn das?
Das Hörgerät fängt mit seiner weiten Öffnung Töne auf und leitet sie zu deinem Ohr weiter.

Wenn du mehr wissen willst:
Beim Hören fangen deine Ohrmuscheln die Schallwellen Geräuschen auf und leiten diese in den Gehörgang. Dort treffen sie auf das Trommelfell, das in Schwingung versetzt wird. Danach geht es vom Innenohr zur so genannten Schnecke. Hier werden die Schallwellen in Nervensignale umgewandelt, damit das Gehirn sie entschlüsseln und wir hören können.

33. Banjo

VORSICHT!

Hier brauchst du die Hilfe eines Erwachsenen!

Du brauchst:
- 1 Plastikdose (ca. 20 x 20 cm)
- 1 ca. 6 cm breites, 12 cm dickes und ca. 60 cm langes Holzstück
- 1 kürzeres Holzstück
- 8 kurze Holzschrauben
- 1 kräftigen Faden
- 1 Metallstreifen (ca. 1 cm breit, 6 cm lang, 1-2 mm dick)
- 1 Säge
- Klebstoff

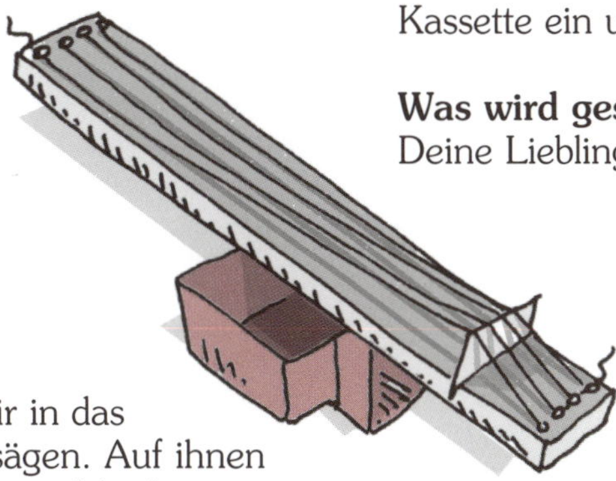

Und so wird's gemacht:
1. Bitte einen Erwachsenen, dir in das Metallstück vier Kerben zu sägen. Auf ihnen sollen später die „Gitarrensaiten" laufen.
2. Säge ca. 5 cm vom Ende des Holzbretts eine Rille und stecke das Metallstück hinein.
3. Schraube an beiden Enden des Bretts, wie in der Abbildung gezeigt, jeweils vier Schrauben fest, drehe sie aber nicht ganz hinein und befestige (verknote) daran die „Saiten" (Faden). Nun hast du ein Klangbrett gebastelt.
4. Lege das Klangbrett auf die Plastikdose und stabilisiere es durch das speziell auf die Maße deiner Dose zugesägte Holzstück.
5. Klebe die Holzstücke an der Plastikdose fest.
6. Spanne die Saiten, indem du die Schrauben jetzt ganz fest drehst. Zupfe daran.

Was wird geschehen?
Es entstehen Töne.

Warum denn das?
Die Schwingung der Saiten versetzt die Luft in Schwingungen. Dein Instrument hat ein Klangbrett, das die Schallwellen aufnimmt und sie zum Resonanzkörper (Dose) weiterleitet. Hier wird der Schall verstärkt.

34. Lieblings-CD

Du brauchst:
- 1 CD- Player oder Kassettenrekorder
- deine Lieblings-CD oder -Kassette
- 1 Mitspieler

Und so wird's gemacht:
1. Schalte das Gerät an, lege deine CD bzw. Kassette ein und starte sie.

Was wird geschehen?
Deine Lieblingsmusik ertönt.

Warum denn das?
Ein Mikrofon nimmt die Schallwellen auf, die sich beim Sprechen oder Musizieren in der Luft ausbreiten. Das Mikrofon wandelt die Wellen in ein elektrisches Signal mit derselben Frequenz um. Ein Aufnahmegerät zeichnet die Signale auf und speichert sie. Auf der Kassette ist deine Lieblingsmusik in Form von elektronischen Stromimpulsen gespeichert, auf der CD werden sie in Vertiefungen auf ihrer Oberfläche umgewandelt. Die Impulse werden dann vom Abspielgerät abgetastet, in Schall umgewandelt und vom Lautsprecher wiedergegeben, sodass du die Musik hören kannst.

35. Dosentelefon

Du brauchst:
- 2 leere Konservendosen, ohne Deckel
- 1 Hammer
- 1 Nagel
- 1 ca. 15 m lange Schnur
- 1 Mitspieler

Und so wird's gemacht:
1. Schlage in die Mitte des Bodens beider Blechdosen mit Hammer und Nagel ein kleines Loch.
2. Stecke durch jedes Loch ein Ende der Schnur und verknote es im Innern der Dose.
3. Jetzt nehmen du und dein Mitspieler jeweils eine Dose. Entfernt euch nun so weit voneinander, bis die Schnur straff gespannt ist.
4. Sprich in die Öffnung deiner Dose, während dein Mitspieler die Öffnung seiner Dose ans Ohr hält.

Was wird geschehen?
Du hörst in deiner Dose, etwas verzerrt, was dein Mitspieler ins „Telefon" spricht.

Warum denn das?
Spricht man in die Dose, wird der Dosenboden in Schwingung versetzt. Die Schwingungen verlaufen in der Schnur bis zum anderen Dosenboden, wo sie wieder in Luftschwingungen zurückverwandelt werden, die dein Ohr erreichen. Spricht man in ein „richtiges" Telefon, wird der Schall in elektrische Schwingungen umgewandelt, die über Draht oder Funk weitergeschickt werden können.

Wenn du mehr wissen willst:
In der Sprechmuschel des Telefonhörers befindet sich ein winziges Mikrofon, das den Schall deiner Stimme in ein elektrisches Signal umwandelt. Das Signal wird über Verstärker und Vermittlungsstellen (z. B. Drähte, Funk, Fernmeldesatelliten) zum Telefon der Person geleitet, deren Nummer du angewählt hast. Die Person nimmt ihren Hörer ab. In der Hörmuschel ihres Telefonhörers befindet sich ein kleiner Lautsprecher, der das von deinem Telefon ausgehende Signal in Schall umwandelt, der dann in ihr Ohr gelangt. Wenn die Person etwas in die Sprechmuschel ihres Telefonhörers sagt, wird ein elektrisches Signal zu der Hörmuschel deines Telefonhörers geleitet und in Schall umwandelt. Du hörst wiederum die Stimme der sprechenden Person.

36. Holzkohle

VORSICHT!

Hier brauchst du die Hilfe eines Erwachsenen!

Du brauchst:
- 1 abgebranntes Streichholz
- 1 Stück weißes Papier

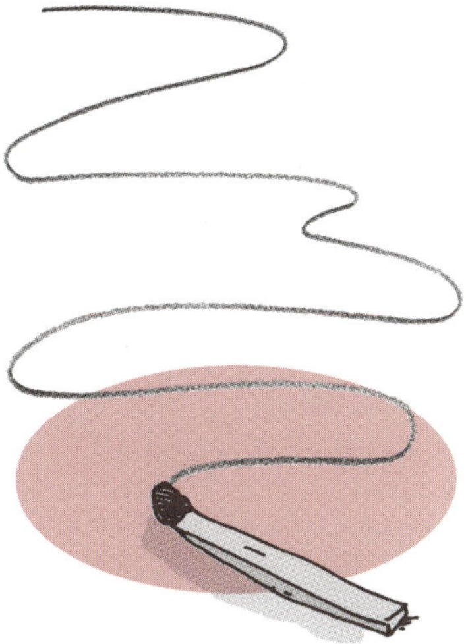

Und so wird's gemacht:
Zeichne mit dem Streichholz auf das Papier.

Was wird geschehen?
Auf dem Papier erscheint ein schwarzes Muster.

Warum denn das?
Das Streichholz besteht teilweise aus Holzkohle. Deswegen kannst du damit zeichnen.

Wenn du mehr wissen willst:
Holzkohle besteht fast ausschließlich aus Kohlenstoff. Sie entsteht beim Verbrennen von Holz ohne Luftzufuhr, bei unvollständiger Verbrennung. Mit Holzkohle kann man zeichnen, sie zerbröselt aber leicht, denn sie hat eine ungeordnete Molekülstruktur. Auch Bleistifte bestehen aus Kohlenstoff (Grafit). Die Kohlenstoffatome im Grafit haben aber in der Holzkohle eine feste, geordnete Struktur. Holz und Papier sind Brennstoffe. Man kann sie anzünden, abbrennen und dabei Wärme gewinnen. Kohle, Erdgas, und Erdöl sind fossile Brennstoffe. Sie stammen von abgestorbenen Pflanzen und Tieren, die vor Millionen von Jahren auf der Erde lebten. Kohle ist ein brennbares Gestein, das im Kohlebergtagebau von oben ausgegraben wird. Es besteht aus abgestorbenen Pflanzen, aus denen in Millionen von Jahren durch Druck und Wärme Kohle entstand. Erdöl ist eine unterirdisch vorkommende Flüssigkeit, die aus Ablagerungen aus dem Grund des Urmeeres entstand. Es wird durch Fördertürme an die Oberfläche transportiert. Erdgas ist ein unterirdisch vorkommendes Gas. Es besteht vor allem aus Methan und wird über Rohre an die Erdoberfläche gefördert und an die Verbrauchsorte geleitet. Im Winter erzeugt man in Öfen Wärme durch Verbrennen von fossilen Brennstoffen.

37. Brennendes Streichholz

VORSICHT!

Hier brauchst du die Hilfe eines Erwachsenen!

Du brauchst:
- 1 Streichholz
- 1 Unterteller aus Porzellan

Und so wird's gemacht:
Zünde das Streichholz an und lege es auf den Unterteller.

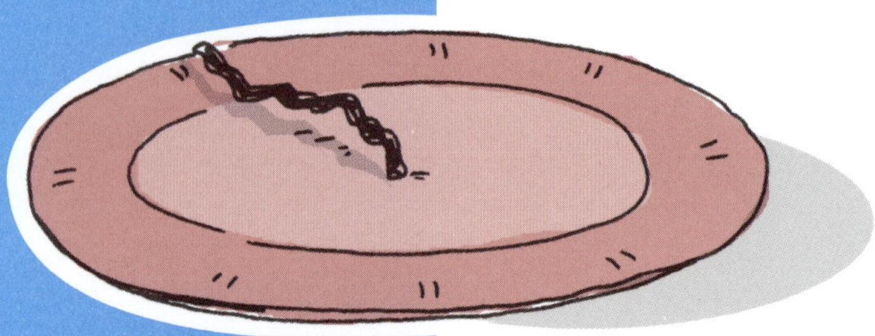

Was wird geschehen?
Eine Flamme entsteht. Sie verbrennt das Holz, bis sie erlischt. Zurück bleibt eine schwarze Masse, die sich zerbröseln lässt.

Warum denn das?
Beim Reiben des Streichholzkopfes über die Reibefläche der Streichholzschachtel entsteht Reibungswärme. Diese Wärme und der im Streichholzkopf enthaltene Phosphor setzen die nachfolgenden Reaktionen in Gang. Durch chemische Reaktionen zwischen den Stoffen, mit denen der Streichholzkopf beschichtet ist, entsteht wieder Wärme. Sie entzündet das Holz und erzeugt eine Flamme. Das brennende Holz reagiert mit Luftsauerstoff. Die Flamme besteht aus glühenden Kohlenstoffteilchen, die Licht und Wärme aussenden. Bei unvollständiger Verbrennung bleibt nach dem Verglühen des Streichholzes schwarze Holzkohle zurück.

38. Fingerabdrücke

Du brauchst:
- doppelseitiges Klebeband
- 1 Schere
- weißes Papier
- 1 weichen Bleistift

Und so wird's gemacht:
1. Male mit einem weichen Bleistift einen großen, schwarzen Fleck auf das Papier.
2. Schneide zehn kleine Streifen aus dem doppelseitigen Klebeband aus und klebe sie auf ein Stück Papier.
3. Bitte eine Versuchsperson, ihren Finger auf den Bleistiftfleck und danach auf das doppelseitige Klebeband zu drücken.

Was wird geschehen?
Auf dem Klebeband erscheint der Fingerabdruck der Versuchsperson.

Warum denn das?
Bleistiftminen bestehen aus Grafit und Ton im Verhältnis 2:1. Grafit besteht aus reinen Kohlenstoffatomen. Sie bilden im Grafit Schichten, die sich nur schwach anziehen und nur leicht verschieben lassen. Beim Malen zerreibst du die Bleistiftmine zu einem Pulver, das an deinem Finger haftet und die feinen Rillen der Hautoberfläche färbt. Auf dem Klebeband entsteht ein Abdruck dieser Rillen. Jeder Mensch hat individuelle, unverwechselbare Fingerabdrücke.

39. Kerzentrick

Du brauchst:

- 2 flache Untersetzer
- 1 Glas
- 1 Kerze (kürzer als das Glas)
- Wasser
- Streichholz
- Feuerzeug

Und so wird's gemacht:

1. Stelle die Kerze auf den Untersetzer.
2. Fülle Wasser in den Untersetzer.
3. Zünde die Kerze an.
4. Stülpe das Glas über die Kerze.

Was wird geschehen?
Die Kerze erlischt und das Wasser wird aus dem Untersetzer ins Glas gesaugt.

Warum denn das?
Zum Brennen benötigt die Kerze Sauerstoff aus der Luft. Wenn der Sauerstoff unter dem Glas verbraucht ist, erlischt die Flamme. Nun erkaltet die restliche Luft im Glas. Dabei zieht sie sich zusammen und schafft dadurch Platz für das Wasser, das ins Glas gedrückt wird.

Wenn du mehr wissen willst:
Stoffe, die Feuer fangen können, sind brennbar. Verbrennung ist eine Reaktion, bei der Sauerstoff verbraucht wird. Der Brennstoff verbindet sich mit Sauerstoff aus der Luft und gibt Wärme ab. Früher glaubte man, dass bei Verbrennungsreaktionen ein gasförmiger Stoff (Feuerstoff) freigesetzt wird und dass die Verbrennung unter Gewichtsabnahme verläuft. Heute weiß man, dass Verbrennungen immer unter Gewichtszunahme ablaufen. Alle Verbrennungen sind Redoxreaktionen. Bei Redoxreaktionen findet gleichzeitig eine Oxidation (Elektronenabgabe) und eine Reduktion (Elektronenaufnahme) statt. Bei der Verbrennung von Kerzenwachs, das zum Teil aus dem Molekül Alkan besteht, reagieren zwei Moleküle Alkan mit 55 Sauerstoffmolekülen. Es entstehen 38 Moleküle Wasser und 36 Moleküle Kohlendioxid. Bei diesem Oxidationsvorgang wird das Oxidationsmittel Sauerstoff reduziert, d. h. es nimmt Elektronen auf. Verbrennungsvorgänge verlaufen nicht immer unter Flammenbildung. Stille Verbrennungen sind unter anderem das Rosten von Eisen, Gärungsprozesse, die innere Atmung und der Stoffwechsel der Lebewesen. In unserem Körper werden z. B. mit Hilfe von Enzymen Kohlehydrate mit dem bei der äußeren Atmung aufgenommenen Sauerstoff aus der Luft zu Kohlendioxid und Wasser oxidiert. Die dabei frei werdende Energie wird genutzt für Muskelarbeit oder für Wachstumsvorgänge.

40. Meisterdetektiv

Du brauchst:
- 1 Lupe
- 1 Glas
- 1 weichen Bleistift
- feiner Puder
- Fingerabdrucksammlung zum Vergleich
- 1 trockenen Pinsel mit feinen Haaren

Und so wird's gemacht:
1. Bitte deine Versuchsperson, ein Glas anzufassen.
2. Kratze mit einem Messer etwas Bleistaub vom Bleistift und mische ihn mit Körperpuder.
3. Halte das Glas mit den Fingerabdrücken deiner Versuchsperson von innen und bepinsele es vorsichtig mit der Bleistaub-Puder-Mischung.

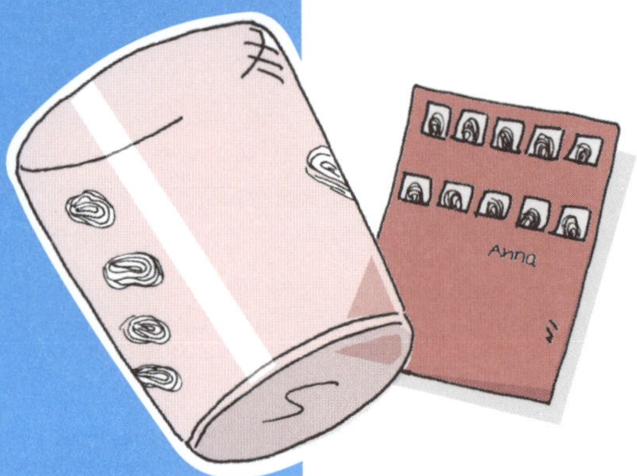

Was wird geschehen?
Die Fingerabdrücke der Versuchsperson werden sichtbar und lassen sich durch Vergleich mit den Abdrücken deiner Sammlung eindeutig identifizieren (vgl. S. 222/Exp. 326).

41. Kerzenruß

Hier brauchst du die Hilfe eines Erwachsenen!

Du brauchst:
- 1 brennende Kerze im Kerzenständer
- 1 Messer

Und so wird's gemacht:
Halte die Messerschneide einige Sekunden lang über die Flamme.

Was wird geschehen?
Die Schneide wird schwarz.

Warum denn das?
Die Schneide ist mit Ruß, d. h. mit winzigen Kohlenstoffteilchen, bedeckt.
Ruß entsteht bei unvollständiger Verbrennung.

Wenn du mehr wissen willst:
Eine Kerze besteht aus kohlenwasserstoffhaltigem Kerzenwachs, das den Docht umhüllt. Zündet man den Kerzendocht an, bildet sich eine Flamme. Sie lässt das Wachs schmelzen. Das Wachs verdampft und reagiert mit dem Luftsauerstoff. Der Luftsauerstoff verbindet sich mit den Kohlenstoffatomen des Kerzenwachses zu Kohlendioxid und mit den Wasserstoffatomen des Kerzenwachses zu Wasser. Das Wachs verbrennt und strahlt dabei Licht und Wärme aus. Bei unvollständiger Verbrennung entstehen Rußteilchen, die sich z. B. an einer Messerschneide absetzen.

Als Ruß bezeichnet man winzige, feste Kohlenstoffpartikel. Er entsteht durch Sauerstoffmangel bei der Verbrennung.

42. Wachsspuren

VORSICHT!

Hier brauchst du die Hilfe eines Erwachsenen!

Du brauchst:
- 1 brennende Kerze im Kerzenständer
- 1 Glasscherbe
- 1 Wäscheklammer

Und so wird's gemacht:
Halte die Glasscherbe mit Hilfe der Wäscheklammer mindestens 10 Sekunden direkt über den Kerzendocht und lasse sie dann abkühlen.

Was wird geschehen?
Auf der Glasscherbe zeigen sich Wachsspuren.

Warum denn das?
Wenn die Kerze brennt, zersetzt sich nicht das ganze Wachs zu Ruß. Einige Wachsteilchen steigen durch die Wärme nach oben und gerinnen auf der Glasscherbe wieder.

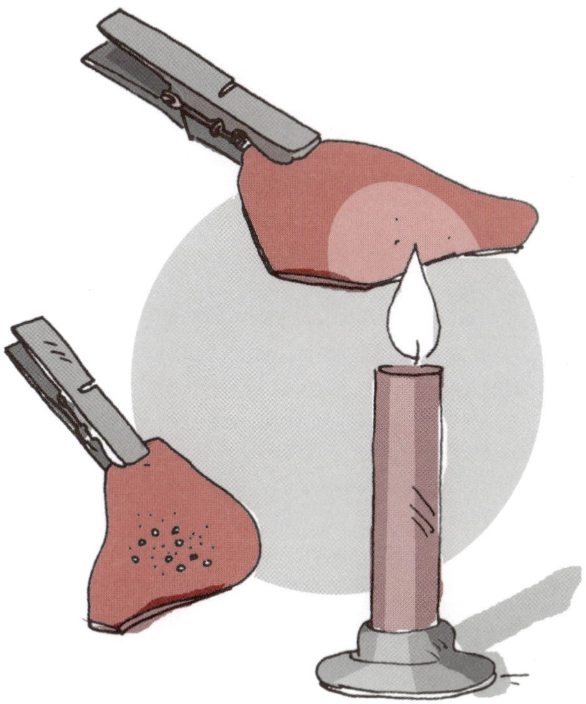

43. Schwimmkerze

VORSICHT!

Hier brauchst du die Hilfe eines Erwachsenen!

Du brauchst:
- 1 Kerze
- 1 Nagel mit großem, flachem Kopf
- 1 leeres Marmeladenglas
- Wasser

Und so wird's gemacht:
1. Stecke die Nagelspitze in die Unterseite der Kerze.
2. Fülle das Glas etwa zur Hälfte mit Wasser.
3. Stelle die durch den Nagel beschwerte Kerze in das Wasser und zünde sie an.

Was wird geschehen?
Die Kerzenflamme erlischt nicht, auch wenn das Kerzenwachs bis zur Wasseroberfläche abgebrannt ist.

Warum denn das?
Das Wasser kühlt das Kerzenwachs, sodass eine dünne Außenwand aus Wachs stehen bleibt. Sie verhindert, dass Wasser zur Flamme gelangt und den Docht auslöscht (vgl. Abbildung).

44. Kerzenhitze

VORSICHT!

Hier brauchst du die Hilfe eines Erwachsenen!

Du brauchst:
- 1 brennende Kerze im Kerzenständer
- 1 Münze
- 1 Stück Eisendraht (z. B. unbeschichteter Blumendraht)

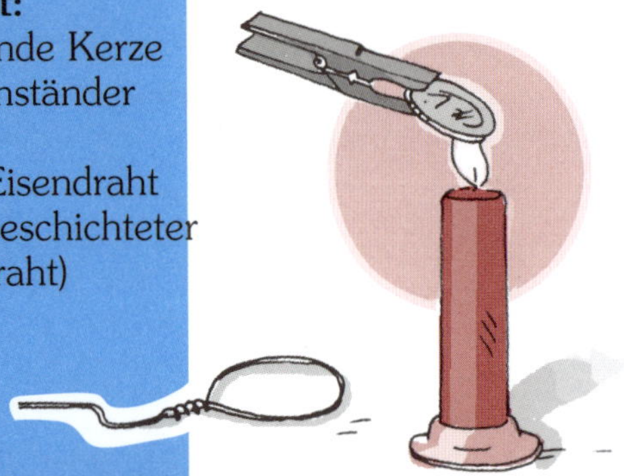

Und so wird's gemacht:
1. Lege den Eisendraht um die Münze und forme einen Ring, in den sie genau hineinpasst.
2. Nimm die Münze aus dem Ring, klemme sie in die Wäscheklammer und halte sie einige Minuten über die Kerzenflamme.
3. Versuche die heiße Münze mit der Wäscheklammer wieder in den Drahtring zu stecken.

Was wird geschehen?
Die Münze passt nicht mehr in den Ring.

Warum denn das?
Die Hitze der Kerze hat die Münze ausgedehnt. Wenn man sie wieder ganz abkühlen lässt, passt sie wieder hinein.

Wenn du mehr wissen willst:
Bei Erwärmung von Festkörpern, Flüssigkeiten und Gasen dehnen sie sich aus. Die Teilchen bewegen sich schneller und entfernen sich voneinander, das Volumen nimmt zu. Diese Ausdehnung und Größenzunahme durch Erwärmung nennt man Expansion.
Wenn (erwärmte) Festkörper, Flüssigkeiten und Gase Wärme abgeben, werden ihre Teilchen langsamer, das Volumen nimmt ab. Diese Größenabnahme durch Abkühlung nennt man Kontraktion.

45. Zusammenhalt

VORSICHT!

Hier brauchst du die Hilfe eines Erwachsenen!

Du brauchst:
- 2 gleich große Gläser
- 1 Teelicht
- Streichhölzer
- Wasser
- 1 Blatt Löschpapier

Und so wird's gemacht:
1. Feuchte das Löschpapier an.
2. Stelle das Teelicht in ein Glas, zünde es an und lege sofort das angefeuchtete Löschpapier auf das Glas.
3. Setze das zweite Glas vorsichtig umgekehrt auf das erste.

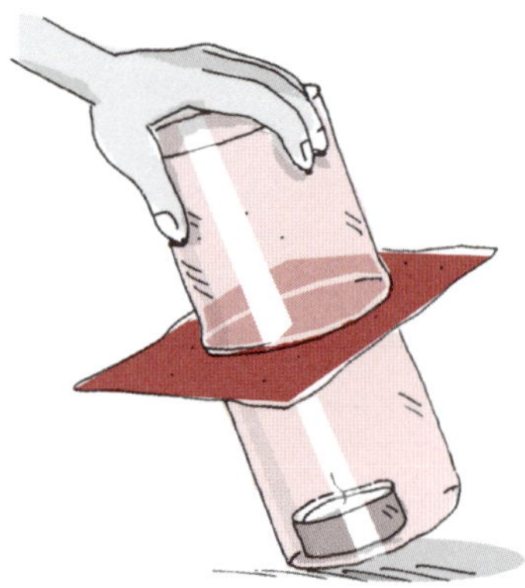

Was wird geschehen?
Die Kerze erlischt nach kurzer Zeit und du kannst, wenn du das obere Glas anhebst, gleichzeitig das untere mit anheben. Die beiden Gläser halten fest zusammen.

Warum denn das?
Die Kerzenflamme hat beim Brennen den Sauerstoff im unteren Glas und schließlich (durch die Fasern des nassen Löschpapiers hindurch) auch den des oberen Glases verbraucht. Dadurch herrscht innerhalb beider Gläser ein niedrigerer Luftdruck als außerhalb. Der äußere Luftdruck presst die beiden Gläser zusammen.

46. Feuerlöscher

VORSICHT!

Hier brauchst du die Hilfe eines Erwachsenen!

Du brauchst:

- 1 großes Glas mit Deckel
- Wasser
- 3 Teelöffel Backpulver
- 1/2 Tasse Essig
- 1 Hammer
- 1 Nagel
- 1 kleines Glas, das in das große passt

Und so wird's gemacht:

1. Lass dir von einem Erwachsenen mit Hammer und Nagel ein Loch in den Schraubdeckel des großen Glases schlagen.
2. Fülle das große Glas mit Wasser und schütte das Backpulver dazu.
3. Fülle das kleine Glas mit Essig und setze es (ohne einen Tropfen zu verschütten) in das große Glas.
4. Schraube das große Glas mit dem Deckel zu.
5. Halte die Öffnung von deinem Körper weg und drehe das Glas langsam um.

Was wird geschehen?
Aus dem Loch im Deckel quillt eine schaumige Flüssigkeit.

Warum denn das?
Wenn Essig und Backsoda zusammengeschüttet werden, entsteht Kohlendioxid, das Verbrennungsvorgänge unterbricht. Deshalb enthalten auch manche Feuerlöscher Kohlendioxid.

Wenn du mehr wissen willst:
Feuerlöscher sorgen dafür, dass kein Luftsauerstoff mehr an das brennende Material gelangt und dadurch die Verbrennung weiter in Gang hält. Sie enthalten Wasser, Flüssigkeiten, Pulver oder Kohlendioxid.

47. Trichter und Kerze

VORSICHT!

Hier brauchst du die Hilfe eines Erwachsenen!

Du brauchst:

- 1 brennende Kerze
- 1 Trichter
- 1 Mitspieler

Und so wird's gemacht:
Bitte deinen Mitspieler, durch den Trichter die Kerze auszublasen.

Was wird geschehen?
Wenn dein Mitspieler die Mitte der Trichteröffnung auf die Flamme hält, wird die Kerze trotz kräftigen Pustens weiterbrennen.

Warum denn das?
Die durchgeblasene Luft wird im kegelförmigen Teil des Trichters gestreut und entweicht entlang seiner Wand. Wenn du die Kerze mit Hilfe des Trichters ausblasen willst, musst du also den Rand des Trichters auf die Flamme halten.

Wenn du mehr wissen willst:
Rauch entsteht bei Verbrennungsvorgängen. Er besteht aus Abgasen. Verbrennt man fossile Brennstoffe (Kohle, Erdöl, Erdgas), gelangen diese Abgase in die Außenluft und verteilen sich in der Atmosphäre. In Kraftwerken und Industrieanlagen versucht man (z. B. durch Abgasreinigungs- und Entschwefelungsanlagen) die umweltschädlichen Abgase zu verringern.

48. Kerzenrauch

Hier brauchst du die Hilfe eines Erwachsenen!

Du brauchst:
- 2 brennende Kerzen

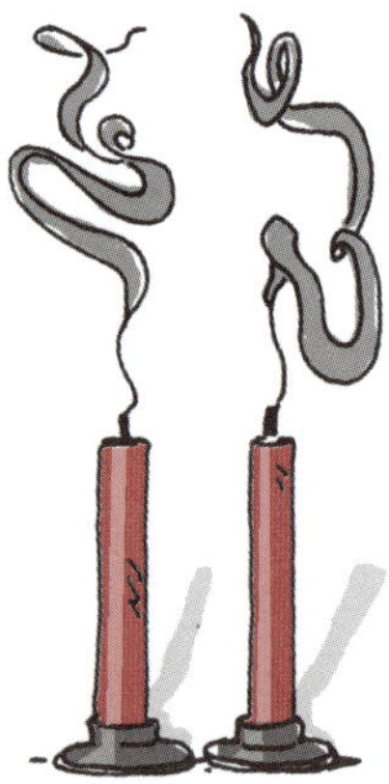

Und so wird's gemacht:
1. Puste zuerst eine Kerze aus und beobachte den aufsteigenden Rauch.
2. Puste nun die zweite Kerze aus und beobachte den Rauch noch einmal.

Was wird geschehen?
Bei beiden Kerzen steigen nach dem Auspusten Rauchteilchen in die Luft. Unten im Docht ist die Strömung noch gleichmäßig, dann, weiter oben, wird sie turbulent. Die Rauchschwaden beider Kerzen sehen unterschiedlich aus.

Warum denn das?
Die Luftmoleküle stoßen mit den Rauchteilchen zusammen. Dadurch entsteht eine regellose Bewegung, die Brown'sche Bewegung. Die Luftmoleküle selbst sind nicht sichtbar. Obwohl die Ausbreitung des Rauchs nach einfachen Naturgesetzen erfolgt, ist das Verhalten der Luftmoleküle nach dem Auspusten bislang nicht mess- und vorhersehbar. Das Aufsteigen von Rauchteilchen ist ein chaotisches System.

Wenn du mehr wissen willst:
Die Bewegung winziger fester Teilchen in einer Flüssigkeit oder in einem Gas bezeichnet man als Brown'sche Bewegung. Die zufälligen Zickzackbewegungen mit plötzlichen Richtungsänderungen werden durch Zusammenstöße der festen Teilchen mit den Gas- oder Flüssigkeitsmolekülen verursacht. Der britische Botaniker Robert Brown (1773-1858) hat diese Vorgänge erstmals beschrieben.
Die Chaos-Theorie beschreibt das Verhalten von chaotischen Systemen. Vorgänge wie die Rissbildung in einer Eisscholle, das Aufsteigen von Rauchteilchen und auch manche Wetterveränderungen scheinen unvorhersehbar zu sein. Trotzdem könnten solche Ereignisse einem Muster folgen. Mathematiker versuchen, sie mit Fraktalen zu beschreiben. Das sind geometrische Figuren und Strukturen, mit deren Hilfe man Naturerscheinungen simulieren (nachstellen) und dann im Computer darstellen kann. Ein Kennzeichen eines Fraktals ist Selbstähnlichkeit. Der Farn hat z. B. eine fraktale Blattstruktur, denn die kleinsten Teile eines Farnblatts haben in vergrößerter Form eine ähnliche Form wie das ganze Blatt (vgl. Abbildung).

49. Zahlenvorhersage

ECHT EASY!

Du brauchst:
- 1 Blatt Papier
- 1 Bleistift
- 1 Mitspieler

Und so wird's gemacht:

1. Zeichne ein Schachbrettmuster aus 16 Quadraten auf und nummeriere die Felder von links oben nach rechts unten von 1 bis 16 durch.
2. Merke dir die beiden sich gegenüberliegenden Eckzahlen, addiere diese beiden Zahlen und multipliziere die Summe mit 2, ohne dies deinem Mitspieler mitzuteilen. Schreibe dann die Endsumme auf. Sie ist deine Vorhersage.
3. Wende dich ab und bitte einen Mitspieler, zwei Zahlen aus der zweiten und zwei Zahlen aus der dritten Spalte auszuwählen. Dann soll er die erste ausgewählte Zahl einkreisen und die direkte Nachbarzahl (rechts und links daneben, darüber und darunter) ausstreichen. Genauso soll dein Mitspieler mit den übrigen drei von ihm ausgewälten Zahlen vorgehen. Schließlich bleiben vier Zahlen übrig. Diese soll der Mitspieler addieren.

Was wird geschehen?
Der Mitspieler nennt die von dir vorhergesagte Zahl.

Warum denn das?
Egal welche vier Zahlen ausgesucht werden, das Ergebnis ist immer 34.

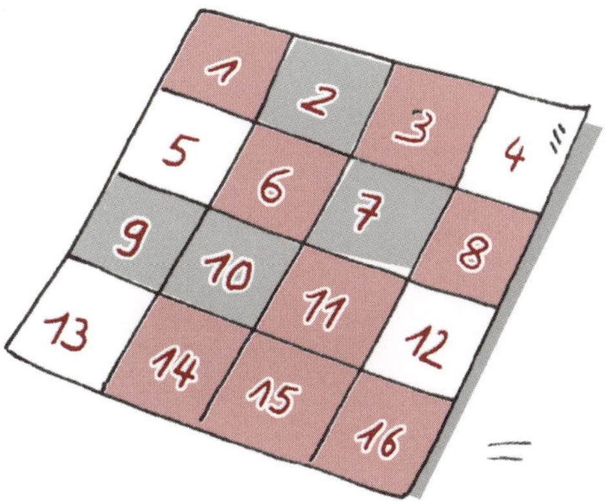

50. Geburtstag erraten

Du brauchst:
- 1 Blatt Papier
- 1 Bleistift
- 1 Mitspieler

Und so wird's gemacht:

1. Behaupte das Geburtstagsdatum eines Mitspielers erraten zu können. Bitte ihn, die Ziffer seines Geburtstags mit 20 zu multiplizieren, dann 3 zu addieren und diese Summe dann wieder mit 5 zu multiplizieren. Danach soll er die Ziffer des Geburtsmonats dazurechnen, alles mal 20 nehmen, drei dazuzählen, das ganze mal fünf nehmen und schließlich die letzten beiden Ziffern des Geburtsjahres dazurechnen.

   Beispiel: 28.02.92
   28 x 20 = 560
   + 3 = 563
   x 5 = 2.815
   + 2 = 2.817
   x 20 = 56.340
   + 3 = 56.343
   x 5 = 281.715
   + 92 = 281.807

2. Ziehe vom Ergebnis die Zahl 1.515 ab.

Was wird geschehen?
Das Ergebnis zeigt die Summe 280.292 an, also das Geburtsdatum: 28.02.92

EXPERIMENTE

51. Schnellrechnen

Du brauchst:
- 1 Blatt Papier
- 1 Bleistift
- 1 Mitspieler

Und so wird's gemacht:
1. Schreibe eine Zahlenkolonne an die Wand und behaupte, diese schneller als der Taschenrechner addieren zu können. Beginne dabei mit der 1 und schreibe darunter die jeweils doppelte Zahl, also: 1, 2, 4, 8, 16, 32, 64, 128, 256, 512, 1.024, 2.048 etc.
2. Ziehe von der letzten in der Zahlenreihe nicht mehr hingeschriebenen Zahl (in unserem Beispiel 4.096) 1 ab.

Was wird geschehen?
Du bist erheblich schneller als der Taschenrechner. Das Ergebnis lautet in unserem Beispiel 4.095.

52. Zahlenspiel

Du brauchst:
- 1 Blatt Papier
- 1 Bleistift
- 1 Mitspieler

Und so wird's gemacht:
1. Bitte den Mitspieler, sich eine Zahl zwischen 1 und 10 zu denken, diese Zahl dann mit 4 zu multiplizieren. Dann soll er das Ergebnis durch 2 dividieren und dieses Ergebnis wiederum mit 7 multiplizieren.

   Beispiel:
   ausgedachte Zahl: 5

   5 x 4 = 20
   20 : 2 = 10
   10 x 7 = 70

2. Teile das Ergebnis, das der Mitspieler nennt, durch 14.

Was wird geschehen?
Du wirst die Zahl des Mitspielers richtig erraten.

53. Zahlenraten

Du brauchst:
- 1 Blatt Papier
- 1 Bleistift
- 1 Mitspieler

Und so wird's gemacht:

1. Bitte den Mitspieler, sich eine Zahl zwischen 1 und 9 zu denken, diese Zahl dann mit 6 zu multiplizieren. Dann soll er das Ergebnis durch 2 dividieren und dieses Ergebnis wiederum mit 3 multiplizieren.

   Beispiel: ausgedachte Zahl: 5
   5 x 6 = 30
   30 : 2 = 15
   15 x 3 = 45

2. Teile das Ergebnis, das der Mitspieler nennt, durch 9.

Was wird geschehen?
Du wirst die Zahl des Mitspielers richtig erraten.

54. 100 gewinnt

Du brauchst:
- 1 Blatt Papier
- 1 Bleistift
- 1 Mitspieler

Und so wird's gemacht:

1. Ihr beide, du und dein Mitspieler, nennt fortlaufend eine Zahl zwischen 1 und 10 und zählt zusammen. Wer 100 nennen kann, ist der Sieger.
2. Du achtest darauf, dass du in der Summe immer auf folgende Zahlen kommst: 12, 23, 34, 45, 56, 67, 78, 89.

   Beispiel: Dein Mitspieler nennt 6,
   du sagst auch 6 (12),
   dein Mitspieler nennt 8 (20),
   du sagst 3 (23),
   dein Mitspieler nennt 7 (30),
   du sagst 4 (34)
   und so weiter.

Was wird geschehen?
Du wirst jedes Mal bei der 100 landen und damit jedes mal gewinnen.

55. Lieblingszahl

Du brauchst:
- 1 Blatt Papier
- 1 Bleistift
- 1 Mitspieler

Und so wird's gemacht:
1. Frage deinen Mitspieler nach einer Lieblingszahl zwischen 1 und 9 (z. B. 6).
2. Multipliziere die genannte Zahl mit 9 und merke dir das Ergebnis (in unserem Beispiel: 54).
3. Bitte den Mitspieler, das Ergebnis (in unserem Beispiel: 54) mit der Zahl 12.345.679 zu multiplizieren (Taschenrechner erlaubt!)

Was wird geschehen?
Stets erscheint die Lieblingszahl des Mitspielers in mehrfacher Form (in unserem Beispiel 666.666.666).

56. Würfelraten

Du brauchst:
- 3 Würfel
- 1 Mitspieler

Und so wird's gemacht:
1. Bitte deinen Mitspieler, drei Würfel zu werfen und die Augenzahl (oben) zu addieren. Du wendest dich ab.
2. Bitte deinen Mitspieler, einen der Würfel aufzunehmen, die unten befindliche Zahl zu der vorherigen Summe zu addieren. Dann soll er mit diesem Würfel noch einmal würfeln. Die Augen, die dieser Würfel jetzt (oben) zeigt, werden auch zu der Summe addiert.
3. Nun drehst du dich zu den Würfeln um, zählst (unbemerkt) ihre Augenzahl zusammen und zählst sieben dazu. Dann nimm die Würfel auf, schüttle sie und nenne deine eben errechnete Zahl.

Was wird geschehen?
Die von dir genannte Zahl ist identisch mit der von deinem Mitspieler erwürfelten.

Warum denn das?
Die gegenüberliegenden Augen eines Würfels ergeben immer die Summe 7. Addiert man die oberen Augen dreier Würfel aus dem ersten Wurf und addiert die untenliegende Zahl eines der Würfel dazu, so ist es das gleiche, als wenn man die oberen Augen zweier Würfel aus dem ersten Wurf addiert und 7 dazuzählt.

57. Kettenbruch

ECHT EASY!

Du brauchst:
- 1 Dominospiel (28 Steine)
- 1 Mitspieler

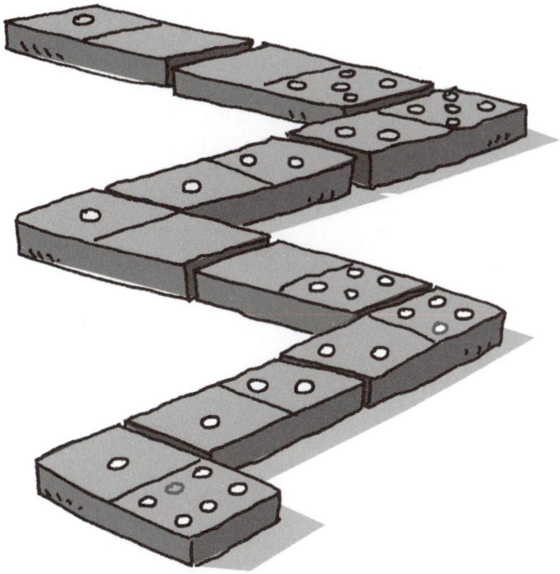

Und so wird's gemacht:
1. Nimm heimlich einen Spielstein mit zwei unterschiedlichen Zahlen weg, notiere diese beiden Zahlen als Vorhersage auf einem Blatt Papier und zeige sie deinem Mitspieler.
2. Mische die Dominosteine und lege sie so nebeneinander, dass die Enden zusammenpassen.
3. Notiere die Zahlen an den Enden der Kette und vergleiche sie mit den von dir angegebenen Zahlen.

Was wird geschehen?
Die von dir notierten Zahlen sind mit den Zahlen am Ende der Kette identisch.

Warum denn das?
Ein vollständiges Dominospiel bildet immer einen endlosen Kreis. Die von dir notierten Zahlen entsprechen deshalb den Endzahlen der Kette.

58. Welche Hand?

Du brauchst:
- 1 1-Centmünze
- 1 10-Centmünze
- 1 Mitspieler

Und so wird's gemacht:
1. Bitte deinen Mitspieler, eine 1-Centmünze in der einen und eine 10-Centmünze in der anderen Hand zu halten.
2. Bitte ihn, den Wert der größeren Münze mit acht (oder einer anderen geraden Zahl), den Wert der anderen, kleineren Münze mit fünf oder einer anderen ungeraden Zahl zu multiplizieren und dir die Ergebnisse zu nennen!

Was wird geschehen?
Du kannst vorhersagen, in welcher Hand welche Münze ist.

Warum denn das?
Wenn gerade Zahlen mit geraden Zahlen multipliziert werden, kommt dabei immer ein gerades Ergebnis heraus. Bei ungeraden Zahlen ist es genau umgekehrt. Du musst allerdings aufpassen, denn bei einer Multiplikation einer geraden mit einer ungeraden Zahl, ist das Ergebnis auch immer gerade.

59. Bitte mit Gefühl!

Du brauchst:
- 3 große Münzen
- 1 Buntstift
- 1 Hut
- 1 Mitspieler

Und so wird's gemacht:
1. Lege den Buntstift und die drei großen Münzen auf den Tisch. Stelle daneben den Hut mit der Öffnung nach oben.
2. Bitte deinen Mitspieler, während du dich umdrehst, eine Münze auszuwählen und sie mit dem Buntstift zu kennzeichnen und die beiden anderen in den Hut zu legen. Danach soll er die gekennzeichnete Münze fest in die geballte Faust nehmen und langsam und laut bis 20 zählen. Danach soll er auch diese Münze schnell in den Hut werfen.
3. Schüttle nun kurz den Hut, greife sofort hinein und ziehe – ohne hinein zu schauen – die gekennzeichnete Münze heraus.

Was wird geschehen?
Du erkennst die gekennzeichnete Münze an ihrer Temperatur, denn sie ist erkennbar wärmer als die beiden anderen Münzen, da sie der Mitspieler eine Zeit lang in der Faust gehalten hat.

Warum denn das?
Wärme geht immer vom wärmeren Gegenstand (Hand) in den kälteren Gegenstand (Münze) über.

60. Kraftprobe

ÜBUNG UND GEDULD

Du brauchst:
- 1 Streichholz
- 1 Mitspieler

Und so wird's gemacht:
1. Bitte deinen Mitspieler, ein Streichholz zwischen die Spitzen des Zeigefingers und des Daumens zu halten und zu zerbrechen. (Wenn er den Trick nicht kennt, wird es ihm nicht gelingen.)
2. Zeige ihm, wie das geht, indem du das Streichholz so zwischen Zeigefinger und Daumen nimmst, dass die Enden zwischen dem ersten und zweiten Fingerglied zu sitzen kommen.

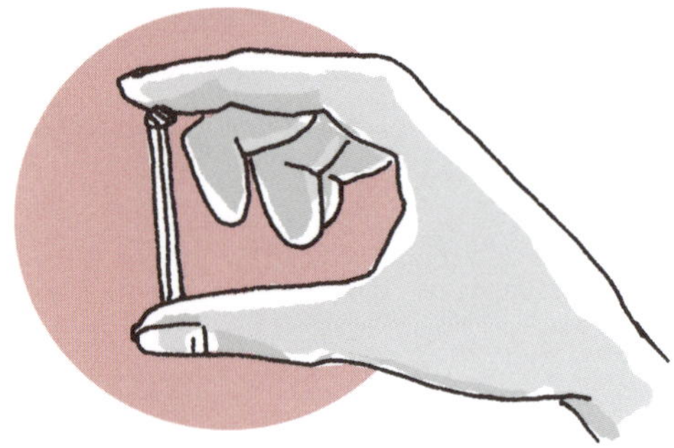

Was wird geschehen?
Das Streichholz bricht entzwei.

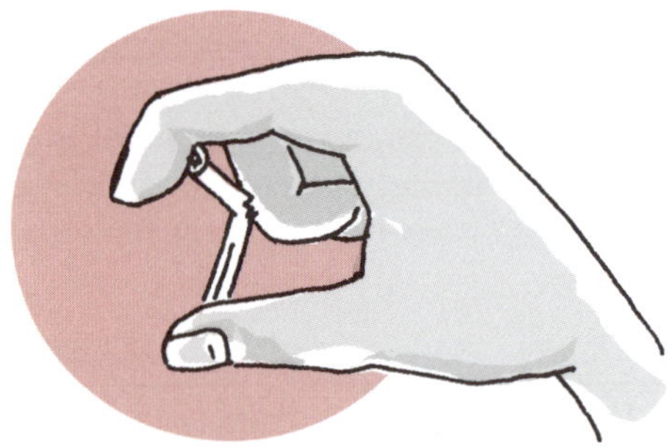

Warum denn das?
Der Druck auf das Streichholz kann zwischen den Fingergliedern besser verteilt werden. Somit hast du mehr Kraft, um das Steichholz entzweizubrechen.

EXPERIMENTE

61. Tropfentrick

Du brauchst:
- 1 Streichholz
- 1 1-Centmünze
- 1 leere Flasche
- 1 Glas Wasser
- 1 Mitspieler

Und so wird's gemacht:
1. Knicke das Streichholz in der Mitte, sodass es einen spitzen Winkel bildet, und lege es über die Öffnung des Flaschenhalses, wie in der Abbildung gezeigt.
2. Lege die 1-Centmünze flach auf das geknickte Streichholz.
3. Frage deinen Mitspieler, ob es ihm gelingt, die Münze in die Flasche zu bringen, ohne sie oder das Streichholz zu berühren. (Wenn er den Trick nicht kennt, wird es ihm nicht gelingen.)
4. Zeige ihm, wie das geht: Tauche einen Finger in das Glas Wasser und lasse einen oder zwei Tropfen auf die Stelle fallen, an der das Holz geknickt ist.

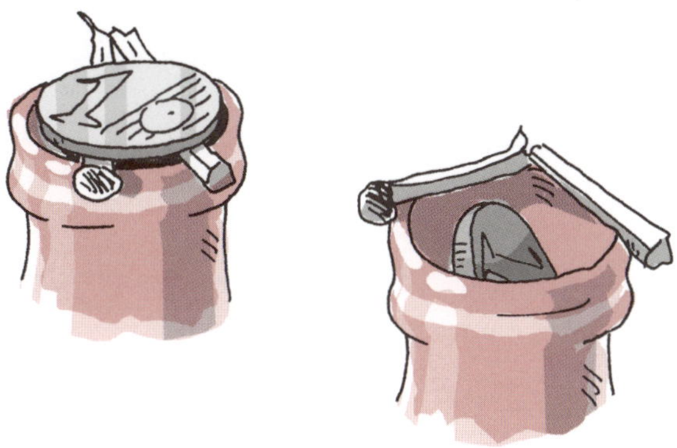

Was wird geschehen?
Die Münze fällt in die Flasche.

Warum denn das?
Der Wassertropfen dringt in das Holz ein, es quillt an einer Stelle. Dadurch werden sich die Winkelbeine des Streichholzes langsam voneinander entfernen, sodass sie einen stumpfen Winkel bilden.

62. Ballonstechen

Du brauchst:
- 1 aufgeblasenen Luftballon
- 1 dicken Filzstift
- 1 Tesafilm
- 1 lange, dicke Nadel mit einem eingefädelten Faden

Und so wird's gemacht:
1. Male ein Gesicht auf den aufgeblasenen Luftballon.
2. Klebe an einer unauffälligen Stelle des Gesichts vorne und hinten einen kleinen Streifen Tesafilm.
3. Durchbohre den Luftballon an der Stelle, wo der Tesafilm festklebt und führe die Nadel an der Stelle, die ebenfalls mit Tesafilm beklebt ist, wieder heraus.

Was wird geschehen?
Der Luftballon platzt nicht, es entweicht aber langsam die Luft. Wenn du jetzt noch einmal an einer nicht markierten Stelle einstichst, wird er platzen.

Warum denn das?
Die elastische Gummihülle des Ballons steht unter starker Spannung. Die Gummiteilchen halten sich sozusagen gegenseitig fest. Wenn die Nadel dieses Gleichgewicht an einer Stelle stört, bricht alles zusammen, der Ballon platzt. Der Klebefilm sorgt für Stabilität, er hält die Gummiteilchen trotz Loch zusammen.

63. Altpapier

ZEITINTENSIV

Du brauchst:
- 1 Schere
- Alufolie
- 1 Bleistift
- alte Zeitungen
- 1 großes Einmachglas mit Deckel
- heißes Leitungswasser
- 1 Holzlöffel
- 1 Backform aus Metall
- 3 Esslöffel Maisstärke

Und so wird's gemacht:
1. Schneide drei Streifen Alufolie von ca. 15 cm Seitenlänge und falte sie zu einem Quadrat (15 x 15 cm).
2. Bohre mit der Bleistiftspitze in senkrechten Reihen Löcher im Abstand von 1 cm in die Alufolienquadrate.
3. Schneide das Zeitungspapier in Streifen und reiße oder schneide daraus kleine Stücke. Man braucht ungefähr eineinhalb Tassen voll mit kleinen Papierschnipseln.
4. Fülle die Papierschnipsel in das Einmachglas, gieße heißes Wasser darauf, sodass das Glas zu 3/4 gefüllt ist. Verschließe das Glas mit einem Deckel und lasse die Papier-Wasser-Mischung ungefähr drei Stunden stehen.
5. Wenn der Brei dickflüssig und zäh ist, schüttest du ihn in die Backform.
6. Löse die Maisstärke in einer halben Tasse voll heißem Wasser auf, gieße sie zum Papierbrei und rühre alles gut um.
7. Lege im Freien ein Folienquadrat auf den Brei und drücke es ein, bis es völlig mit Brei bedeckt ist.
8. Nimm die Folie heraus, lege sie auf eine Platte oder einen abwaschbaren Tisch. Drücke den auf der Folie befindlichen Brei flach und presse das Wasser heraus.
9. Lege an einer sonnigen Stelle Zeitungspapier aus und darauf die Folien mit der Papiermasse.
10. Presse immer wieder Wasser heraus und lasse die Masse gut trocknen.

Was wird geschehen?
Nach ungefähr drei Stunden kannst du das trockene Papier von der Alufolie abziehen, zurechtschneiden und es mit Filzstiften oder Wasserfarben bemalen. Oder als selbstgebasteltes Brief- oder Zeichenpapier verschenken.

Warum denn das?
Papier wird aus zellulosehaltigen Rohstoffen (z.B. Holz, Stroh, Flachs, Hanf, Baumwolle) hergestellt. Zellulose ist ein Kohlehydrat aus pflanzlichem Material. Sie besteht aus vielen miteinander verbundenen Zuckermolekülen. Bei der Papierherstellung wird aus Rohmaterialien (wie z.B. zerkleinertes Holz) eine breiartige Mischung von Zellulosefasern und Wasser hergestellt. Den Brei breitet man in einer dünnen Schicht auf einem Sieb aus, wo er abtropft. Danach wird er zu Papier gepresst.

64. Super Seismograf

Du brauchst:

- 1 Schuhkarton mit Deckel
- 1 Schere
- 1 Briefbeschwerer oder einen anderen schweren Gegenstand
- Klebeband
- 1 Stift mit Radiergummi
- Nägel, Unterlegscheiben oder andere kleine Gewichte
- Knete
- 2 Büroklammern
- Bindfaden
- 2 Blatt Papier
- 1 Mitspieler

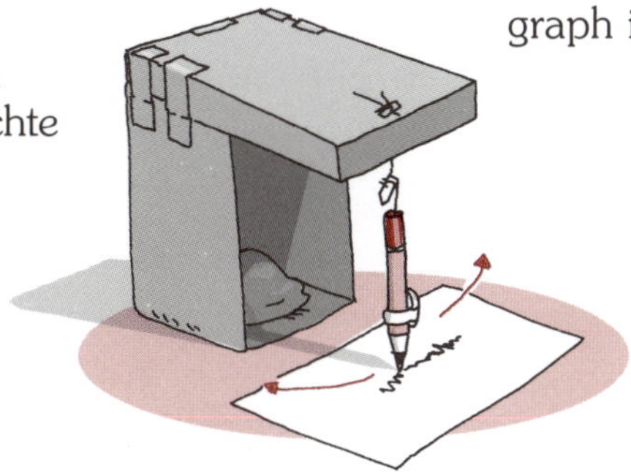

Und so wird's gemacht:

1. Schneide in den Schuhkartondeckel einen Schlitz, wie in der Abbildung gezeigt.
2. Stelle den Schuhkarton mit der Schmalseite nach unten auf und befestige den Deckel, wie in der Abbildung gezeigt, mit Klebeband.
3. Stabilisiere den Schuhkarton mit einem Briefbeschwerer.
4. Befestige am angespitzten Ende des Bleistifts mit Klebeband Nägel, Unterlegscheiben oder andere kleine Gewichte. Damit die Gewichte nicht abrutschen, kannst du unterhalb der Gewichte etwas Knete andrücken.
5. Biege die erste Büroklammer auf und bohre das aufgebogene Ende in den Radiergummi des Bleistifts. Befestige am anderen Teil der Büroklammer den Bindfaden, den du an seinem anderen Ende mit der zweiten Büroklammer verbindest.
6. Stecke die Büroklammer durch den Schlitz im Deckel des Schuhkartons und richte den Bindfaden so ein, dass die Spitze des Bleistifts den Tisch berührt.
7. Schneide jedes Blatt Papier der Länge nach in drei Streifen. Lege einen Streifen unter den Bleistift und ziehe ihn vorsichtig unter dem Bleistift durch. (Die Linie ist eben.)
8. Bitte einen Mitspieler, am Tisch zu rütteln, während du das Papier unter dem Bleistift herausziehst.

Was wird geschehen?
Es bildet sich keine gerade Linie, sondern eine kurvige Linie mit Höhen und Tiefen.

Warum denn das?
Durch das Rütteln am Tisch schlägt dein Seismograph in alle Richtungen aus.

Wenn du mehr wissen willst:
„Seismos“ kommt aus dem Griechischen und bedeutet „Erschütterung“. Seismografen sind Geräte, die die von einem Hypozentrum eines Erdbebens ausgehenden seismischen Wellen aufzeichnen. Die Art, wie sich die Wellen ausbreiten, lässt Rückschlüsse darauf zu, welche Schäden zu erwarten sind. Gemessen werden sowohl vertikale als auch horizontale Bewegungen der Erdkruste. Im Gerät sind eine Feder und ein Scharnier erschütterungsfrei aufgehängt. Wegen ihrer Trägheit ist die Masse von der Bewegung des Untergrunds weitgehend abgekoppelt. Bei der Registrierung der vertikalen Bewegungen zeichnet eine Schreibspitze die Abstandsschwankungen zwischen Masse und Untergrund auf. Entsprechend werden horizontale Bodenbewegungen von einem Scharnier aufgezeichnet. Auf diese Weise lassen sich die Erschütterungen, die durch die seismischen Wellen verursacht weden, registrieren. Bei den modernen Seismografen werden die Bewegungen elektronisch verstärkt wiedergegeben.

65. Elektroskop

Du brauchst:

- 1 Vorratsglas mit einem passenden Korken, fest verschließbar
- 1 Stück Eisendraht
- 1 Streifen Alufolie (ca. 2 x 5 cm)
- 1 Plastikstäbchen (z. B. Cocktailrührer)
- 1 Pullover oder ein anderes Kleidungsstück aus Wolle

Und so wird's gemacht:

1. Durchstoße den Korken mit dem Eisendraht. Er soll auf beiden Seiten ein Stück herausstehen.
2. Biege den Eisendraht am unteren Ende rechtwinklig um, so wie in der Abbildung gezeigt.
3. Falte den Alustreifen in der Mitte und lege ihn über das rechtwinklige Ende des Drahts.
4. Verschließe das Glas mit dem Korken.
5. Reibe das Plastikstäbchen an der Wolle des Kleidungsstücks und berühre dann damit das obere Drahtende, das aus dem Korken herausragt. Achte darauf, dass du dabei den Eisendraht selbst nicht mit den Händen berührst.

Was wird geschehen?
Die beiden Enden des Alustreifens entfernen sich voneinander.

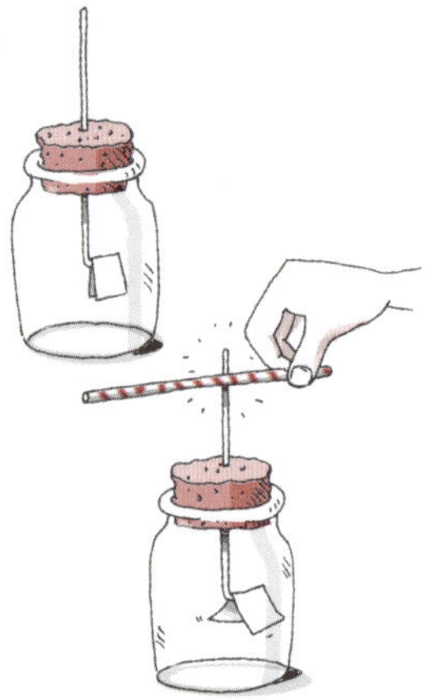

Warum denn das?
Das Plastikstäbchen wird durch das Reiben an der Wolle elektrisiert. Berührt es den Draht, werden die negativen Ladungen des Plastiks auf den Draht und von dort auf die Alufolie übertragen. Da beide Flügel des Alustreifens nun negativ geladen sind, stoßen sie einander ab, sie entfernen sich voneinander.

66. Kaleidoskop

Du brauchst:

- 1 Taschenlampe
- 3 kleine Spiegel
- Transparentpapier
- Buntpapier
- Klebeband
- 1 Schere
- 1 spitzen Bleistift
- bunte Glitzersternchen

Und so wird's gemacht:

1. Klebe die drei Spiegel mit Hilfe des Klebebands zu einer dreieckigen Röhre zusammen.
2. Lege die Breitseite des Dreiecks auf die Pappe und zeichne den dreieckigen Umriss nach, wie in der Abbildung gezeigt.
3. Schneide das Dreieck aus und bohre in seine Mitte ein Loch (Durchmesser ungefähr 1 cm).
4. Klebe das Dreieck auf eine der Breitseiten der Spiegelröhre, auf der anderen befestigst du mit Klebeband das Transparentpapier.
5. Wirf durch das Loch im Tonpapier bunte Glitzersternchen.
6. Leuchte mit der Taschenlampe durch das Transparentpapier und halte das Loch deines Kaleidoskops an dein Auge.

Was wird geschehen?
Beim Drehen deines Kaleidoskops entstehen ständig neue Muster.

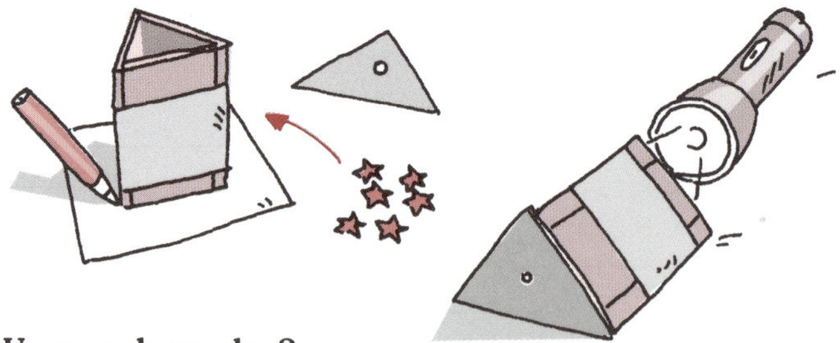

Warum denn das?
Die Spiegel werfen das Bild der Glitzersternchen zurück. Daraus entsteht ein Muster.

67. Gummiwaage

Du brauchst:
- 1 Holzplatte
- Bindfaden
- 1 Stück Papier
- Klebstoff
- 1 Pappbecher
- 1 Nagel
- 1 Hammer
- 1 Gummiring
- 1 Bleistift
- 1 Schere
- viele Münzen

Und so wird's gemacht:
1. Schlage mit dem Hammer einen Nagel oben in die Mitte der Holzplatte und lehne diese an eine senkrechte Wand. (Stabilisiere sie, indem du einen Stapel Bücher davor stellst.)
2. Klebe unterhalb des Nagels ein Stück Papier auf die Holzplatte.
3. Hänge den Gummiring an den Nagel und markiere mit dem Bleistift das untere Ende des Gummirings.
4. Bohre drei kleine Löcher in den Pappbecher und befestige daran drei kurze Bindfadenstücke.
5. Binde den Pappbecher an den Gummiring und markiere die Länge des Gummibands.
6. Fülle den Pappbecher zunächst mit einer, dann mit mehreren Münzen und markiere jedes Mal die Länge des Gummibands.

Was wird geschehen?
Das Gummiband wird umso länger, je voller der Becher ist.

Warum denn das?
Je voller der Becher ist, desto mehr Gewicht hängt daran und mit desto stärkerer Kraft zieht es ihn nach unten, wie die Dehnung des Gummibands zeigt.

Wenn du mehr wissen willst:
Das Dynamometer besteht aus einer Feder, an der der zu wiegende Körper aufgehängt werden kann. Die Feder dehnt sich je nach Stärke der Kraft, die auf den Körper wirkt. Wie groß diese Kraft war, kann man an einer Skala ablesen. Sie entspricht dem Gewicht, d. h. der Gravitationskraft des Körpers.

68. Magischer Leuchtstrahl

Du brauchst:

- 1 durchsichtige Plastikflasche mit Schraubverschluss
- 1 durchsichtigen Plastikschlauch (Zoohandlung)
- 1 Schüssel
- Knete
- Klebeband
- schwarzer Stoff
- Wasser
- 1 Nagel

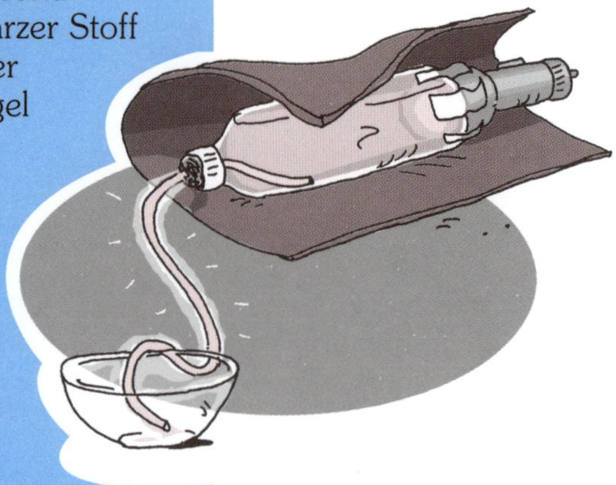

Und so wird's gemacht:

1. Fülle die Flasche mit Wasser und drehe den Schraubverschluss fest zu.
2. Bohre mit dem Nagel ein Loch in den Deckel, stecke den Schlauch ein und dichte ihn mit Knete ab.
3. Lege die Taschenlampe mit der Vorderseite an den Flaschenboden und klebe sie mit Klebeband fest.
4. Wickle schwarzen Stoff um Flasche und Taschenlampe und knipse die Taschenlampe an.
5. Stelle die Schüssel in einem abgedunkelten Raum bereit und quetsche die Wasserflasche zusammen, sodass der Wasserstrahl von der Schüssel aufgefangen wird.

Was wird geschehen?

Der Wasserstrahl leuchtet im Dunkeln

Warum denn das?

Das Licht folgt im Schlauch dem Lauf des Wassers und wird von den gebogenen Schlauchwänden immer wieder zurückgeworfen. Es unterteilt seinen Weg sozusagen in viele geradlinige Strecken und bewegt sich im Zickzack.

69. Diaprojektor

Du brauchst:

- Butterbrot- oder Pauspapier
- Pappe
- Klebeband
- Draht
- Knetmasse
- 1 Holzlineal
- 1 Schere
- 1 Lupe
- Dias

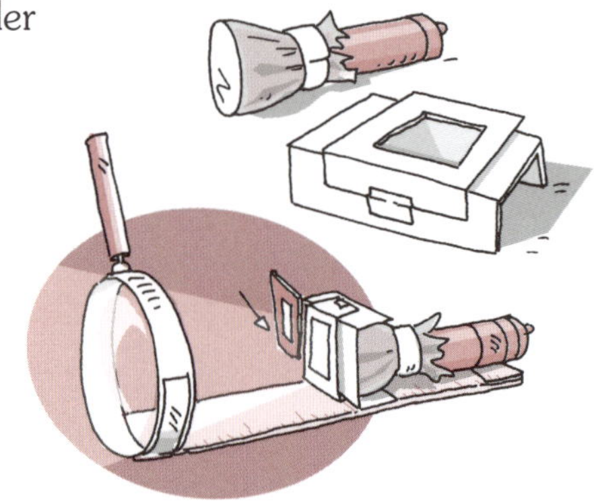

Und so wird's gemacht:

1. Umwickle die Frontlinse deiner Taschenlampe mit Butterbrotpapier und befestige es mit Klebeband.
2. Baue aus Pappstreifen eine Halterung für Dias, wie in der Abbildung gezeigt. Klebe diese Halterung direkt vor die Taschenlampe. Schiebe ein Dia kopfüber in die Halterung ein.
3. Befestige die Taschenlampe (einschließlich Diahalterung) an einem Ende, die Lupe am anderen Ende des Lineals.
4. Stelle den gebastelten „Diaprojektor" auf einen Tisch, knipse die Taschenlampe an und richte den Lichtstrahl auf eine weiß gestrichene, glatte Wand oder ein auf der Wand befestigtes weißes Laken. Verdunkle dann das Zimmer.

Was wird geschehen?

Das Dia erscheint als großes, auf dem Kopf stehendes Bild an der Wand (vgl. S. 243/Exp. 359). Durch Verstellen der Abstände zwischen Projektor und Wand kannst du die Größe des Bildes verändern.

Wenn du mehr wissen willst:

Ein Farbdia ist ein entwickelter Farbfilm, der ein seitengleiches Bild des fotografierten Objekts zeigt. Der Diaprojektor schickt Licht durch ein Dia. Eine Linse projiziert es als reelles, vergrößertes Bild auf eine Wandfläche.

70. Selbst gebaute Taschenlampe

VORSICHT!

Du brauchst:

- 1 leere runde Plastikflasche
- Alufolie
- 2 Taschenlampenbatterien
- 1 Schraubenzieher
- 2 Briefklammern
- 1 Büroklammer
- 3 Stück Klingeldraht mit isolierten Enden
- 1 spitzen Bleistift
- Watte
- Klebeband
- 1 Mini-Glühbirne mit Fassung und Sockel

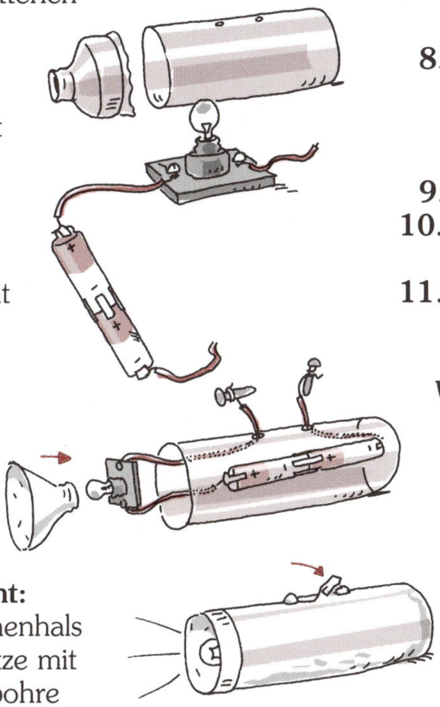

Und so wird's gemacht:

1. Schneide den Flaschenhals und die Flaschenspitze mit der Schere ab und bohre zwei Löcher in die Seite der abgeschnittenen Plastikflasche.
2. Beklebe die Innenseite des abgeschnittenen Flaschenhalses mit Alufolie, die glänzende Seite muss nach außen zeigen.
3. Schraube zwei der Drähte unter den Schrauben des Klingelsockels fest.
4. Klebe die Batterien mit Klebeband so zusammen, dass der Pluspol der oberen den Minuspol der unteren berührt. Klebe den dritten Draht am Minuspol der unteren Batterie fest.
5. Befestige einen der Drähte vom Glühbirnensockel mit Klebeband am Pluspol der oberen Batterie.
6. Fädle den Draht der unteren Batterie vom Inneren der Plastikflasche durch das untere Loch nach außen. Stopfe Watte in die Flasche und stecke die Batterien hinein.
7. Stecke den losen Draht des Glühbirnsockels von innen durch das obere Loch der Plastik flasche nach außen. Wickle beide Drähte um die Briefklammern. Drücke die Briefklammern fest in die Löcher.
8. Lege den Glühbirnensockel auf die Batterien. Stecke den Flaschenhals über die Glühbirne, sodass sie durch das Loch ragt. Klebe die Flaschenspitze mit Klebeband fest.
9. Drücke das obere Ende der Briefklammer.
10. Biege die Büroklammer um und schiebe ein Ende unter die untere Briefklammer.
11. Drücke das obere Ende der Briefklammer auf die obere Büroklammer.

Was wird geschehen?

Die Taschenlampe leuchtet.

Warum denn das?

Wenn du die Büroklammern verbindest, schließt du den Stromkreis. Elektronen fließen, erhitzen den Spiraldraht in der Glühlampe und bringen ihn zum Leuchten.

71. Elektroratespiel

Du brauchst:
- 1 Stück Pappkarton
- weißes Papier
- 10 Briefklammern aus Messing
- Schaltdraht
- 1 Schere
- 1 Batterie (4,5 Volt)
- 1 Glühlampe mit Fassung
- Klebstoff
- 1 Filzstift

Und so wird's gemacht:
1. Schneide aus dem Papier 10 Rechtecke aus. Schreibe auf fünf Rechtecke ein Wort, auf die anderen die dazu gehörigen Reime (z. B. Kabel – Gabel, Herz – Schmerz etc.)
2. Klebe auf eine Seite des Pappkartons die fünf Worte, daneben in falscher Reihenfolge die zu den fünf Wörtern passenden Reime.
3. Bohre innen neben jedem Rechteck ein Loch und schiebe eine Briefklammer hindurch.
4. Schneide von dem Schaltdraht fünf Stücke ab. Wickle das frei gelegte Ende eines Drahts um den Flügel einer Büroklammer und verbinde das andere mit dem dazugehörigen Flügel einer anderen Büroklammer, sodass die richtigen Begriffe miteinander verbunden sind.
5. Schließe das freie Ende eines Schaltdrahts an einen Pol der Batterie, das andere an die Fassung einer Glühlampe.
6. Schließe ein weiteres Stück Schaltdraht an den anderen Pol der Batterie, das andere an die Lampenfassung an.
7. Berühre mit den freien Enden des Schaltdrahts ein Wort und seinen dazu passenden Reim (z.B. Kabel – Gabel).

Was wird geschehen?
Das Lämpchen leuchtet auf.

Warum denn das?
Die Briefklammern aus Messing sind elektrische Leiter. Wenn man mit den freien Enden der Schaltdrähte auf zwei miteinander verbundene Klammern trifft, schließt sich der Stromkreis, durch das Lämpchen fließt Strom, es leuchtet.

72. Angelspiel

Du brauchst:
- Papier
- Filz,- Buntstifte oder Wasserfarben
- Büroklammern
- 1 Hufeisenmagneten
- Bindfaden
- 1 Schere
- 1 Schüssel

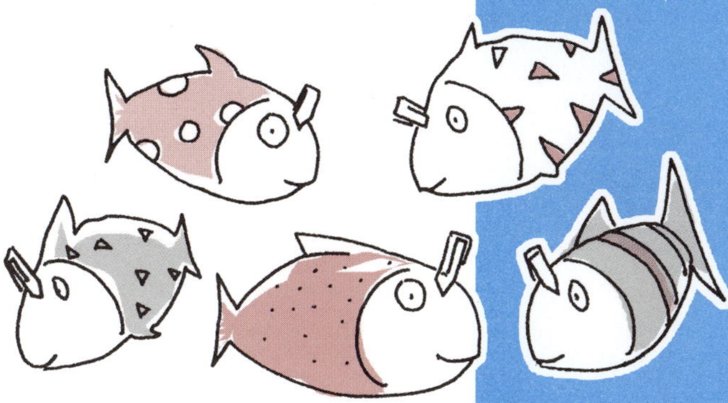

Was wird geschehen?
Die Fische bewegen sich auf die „Angel" zu.

Warum denn das?
Die Büroklammern werden vom Magneten angezogen.

Tipp: Denk dir noch Spielregeln für dein Angelspiel aus!

Und so wird's gemacht:
1. Male auf das Papier einige bunte Fische und schneide sie aus. Bemale auch die Rückseite der Fische.
2. Befestige an den Mäulern deiner Fische jeweils eine Büroklammer und lege sie dann in die Schüssel.
3. Hänge den Hufeisenmagneten an einer Schnur auf und lasse ihn wie eine Angel über den Fischen baumeln.

73. Diaschau ohne Fotos

Du brauchst:
- winzige, dünne, flache Fundstücke aus der Natur (z. B. Samen von Löwenzahn, Blütenblätter, abgebrochene Flügel von Insekten etc.)
- 1 Pinzette
- Glasrähmchen für Dias
- 1 Dia-Projektor

Und so wird's gemacht:
1. Lege die Fundstücke mit der Pinzette einzeln zwischen die Glasplättchen und verschließe den Rahmen.
2. Lass dir von deinen Eltern den Diaprojektor aufbauen oder baue dir selbst einen. (siehe Experiment 69)
3. Lege die Dias kopfüber ein und schalte das Gerät an.

Was wird geschehen?
Ein vergrößertes Bild deiner Fundstücke erscheint an der Wand.

74. Alugeräusch

Du brauchst:
- Alufolie

Und so wird's gemacht:
1. Lege ein ca. 20 cm langes Stück Alufolie auf deine Hand.
2. Beuge dich über das Blatt und hauche es an (huuu).

Was wird geschehen?
Die Folie zittert, kitzelt auf deiner Haut und gibt komische Töne von sich.

Warum denn das?
Deine Stimme hat die Luft vibrieren lassen. Die Schallwellen haben sich auf das Papier übertragen und es in Bewegung versetzt.

SPIELE:
Seite 51-95

75. Verhext

Zu lauter, fetziger Musik tanzen alle Hexen im Zimmer herum. Dabei wird ein Hexenbesen von Kind zu Kind weiter gereicht. Die Hexe, die den Besen in den Händen hält, wenn die Musik plötzlich stoppt, bleibt sofort wie angewurzelt stehen. Die Hexenfreundinnen nehmen ihr den Besen ab, die Musik ertönt von Neuem, und das Spiel wird fortgesetzt, bis schließlich alle Hexen wie Salzsäulen im Zimmer stehen. Dann geht die Oberhexe, die bislang die Musik kontrolliert hat, von Säule zu Säule, erweckt die Hexen mit einem Besenstreich zu neuem Leben und wählt einen gebührenden Nachfolger für ihr Amt.

76. Hexenmode

6+

Zeitungspapier ist ein vielseitiges Spielmaterial. Ihr könnt aus den großen Zeitungspapierbögen sogar Kostüme schneidern! Am besten ist es, wenn immer zwei Hexenkinder zusammen basteln. Die Papierkleider, Hüte, Hemden, Streifenröckchen und was es sonst noch alles gibt, „näht" ihr mittels Klebeband zusammen. Gürtel und Bänder geben den Designerklamotten zusätzlichen Halt.

Auf einer Modenschau präsentieren die neu eingekleideten Hexen ihre verwegenen Kostüme.

Fotografieren nicht vergessen!

77. Die Tier-Party

5+

Alle Kinder, bis auf eines, bilden einen Kreis. Das eine Kind stellt sich mit verbundenen Augen als Hexe in die Kreismitte und wird vom Spielleiter noch ein paar Mal im Kreis gedreht. Auch die Kreiskinder können jetzt noch still und heimlich ihren Standort verändern. Dann zeigt die Hexe auf einen Kreisspieler und sagt zum Beispiel: „Du bist mein Frosch“. Sofort fängt das Kind an, lauthals zu quaken. Die Hexe lauscht genau, denn sie soll nun erkennen, wen sie in einen Frosch verwandelt hat. Nennt sie den richtigen Namen, zum Beispiel „Du bist mein Frosch Timo“, so setzt sich der Erratene auf den Boden. Nennt sie einen falschen Namen, bleibt das Kind stehen und wird noch einmal, zum Beispiel in eine Kuh, einen Hund und so weiter verwandelt. Hat die Hexe schließlich alle Tiere verzaubert und erraten, wer jeweils dahinter steckt, laufen, watscheln, hüpfen und galoppieren alle Tiere quiekend, quakend, bellend und so weiter davon. Die Hexe aber jagt hinter den Tieren her. Wen sie fängt, verzaubert sie in eine neue Hexe für die nächste Spielrunde.

78. im Hexenwald

6+

Dieses Spiel ist sehr gruselig und daher nur für Kinder mit guten Nerven geeignet! Einem Kind werden die Augen verbunden, die anderen verteilen sich im dunklen Raum und bleiben fortan als Waldhexen auf ihrem Standplatz. Das Kind mit den verbundenen Augen soll nun von einer Seite des Raumes zur anderen hinüber gehen, ohne in diesem dunklen Wald an eine Hexe zu stoßen.

Passiert das doch, lässt die Angestoßene einen fürchterlichen Schrei ertönen und das Spiel ist für den jeweiligen „Wanderer“ zu Ende. Wer schafft es, den Wald zu durchqueren, ohne eine der Hexen zu berühren?

79. Zaubersprüche

4+

Adelgund, die Knusperhexe, wollte gerade einen riesigen Wäscheberg in eine Badewanne voller Schokoladenpudding verzaubern, da hat sie doch glatt den Zauberspruch vergessen. Wer kann Adelgund helfen und selber einen geheimnisvollen Zauberspruch erfinden?

Foto-Klick

80. Schweizer Käse-Briefe

4+

In die Vorderseite eines gewöhnlichen Briefumschlages werden drei bis fünf Löcher geschnitten. Dann steckst du ein Foto in den Umschlag und zeigst den „Schweizer Käse-Brief“ den Mitspielern. Na, wer kann erkennen, was da auf dem Foto zu sehen ist?

Klar, dass ihr anstelle von Fotos auch entsprechend große Bilder aus Illustrierten ausschneiden könnt. Diese klebt ihr aber am besten noch auf festes Papier, damit sie stabil wie Karten werden und besser zu handhaben sind.

81. Das Foto-Mobile

6+

Aus Fotos, die keinen Platz mehr im Fotoalbum finden, könnt ihr ein nettes Mobile basteln. Immer zwei Fotos werden Rücken an Rücken aneinandergeklebt. Die Doppelfotos werden am oberen Rand gelocht, mit Fäden versehen und an einen schönen, viel verzweigten Ast gehängt, der seinerseits an der Zimmerdecke befestigt wird. Ein hübscher Schmuck fürs Kinderzimmer, vor allem, wenn auf den Fotos die allerbesten Freunde zu sehen sind.

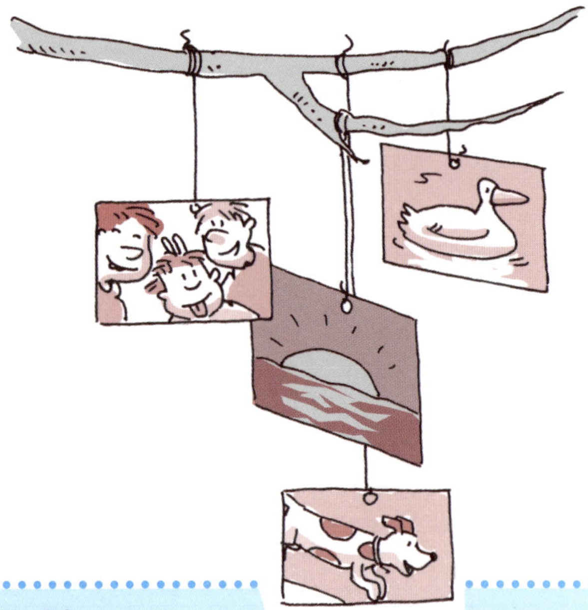

Farbfotos
Ein paar schöne Fotos werden kopiert und die Schwarz-Weiß-Kopien dem Kind zum Ausmalen mit Buntstiften übergeben. Eine tolle Beschäftigung, besonders für kranke Kinder.

82. Das Foto-Puzzle-Spiel

6+

Ein ausrangiertes Foto wird in etwa acht Puzzleteile zerschnitten. Wenn alle Spieler um den Tisch versammelt sind, legt der Spielleiter ein Puzzleteilchen auf den Tisch. Die Spieler betrachten es genau, können aber wahrscheinlich noch nicht allzu viel damit anfangen. Jetzt wird das zweite Teilchen aufgelegt und so weiter. Plötzlich ruft ein Spieler „Stopp!“ und erklärt allen Mitspielern, was auf dem Foto zu sehen ist, zum Beispiel: „Tante Berta und Onkel Willi in der Hollywoodschaukel.“ Für diese Erkenntnis, vorausgesetzt sie stimmt, bekommt der Spieler so viele Punkte, wie noch Puzzleteilchen zum vollständigen Bild fehlen.

Der Spielleiter steckt die Teile in einen Briefumschlag, damit nichts verloren geht und legt das erste Puzzleteilchen vom nächsten Foto auf den Tisch.

Foto-Memory
Wer genügend Fotos besitzt, kann sie auf Pappkärtchen kleben und so ein originelles Memoryspiel basteln. Immer zwei unterschiedliche Fotos von einem Familienmitglied bilden ein Paar. Besonders nett ist es, wenn die Fotos die jeweilige Person in einem unterschiedlichen Alter zeigen.

Das Denkmal
Wer zum Beispiel bei einem Kinderfest als Spielsieger hervorgeht, darf sich auf ein Siegerpodest stellen, das aus Getränkekisten zusammengebaut wurde.

Der Sieger tut, als wäre er aus Gummi und lässt sich von den Mitspielern in eine beliebige Position bringen. Das Denkmal wird mit einer Polaroid-Kamera fotografiert und das Foto erhält der Sieger als Erinnerung.

83. Schnappschuss

6+

Auf dem Tisch wird aus vielen verschiedenen Gegenständen, die ihr gerade so findet, zum Beispiel einem Stift, einem Löffel, einer Haarklammer und dergleichen ein Stillleben errichtet.

Nun führt ihr einen Spieler, der bis jetzt vor dem Raum gewartet hat und fest die Augen verschlossen hält, zum Tisch. Dieser Spieler stellt die „Sofortbildkamera“ dar. Auf ein vereinbartes Zeichen öffnet er die Augen für genau fünf Sekunden. Die Mitspieler zählen die Sekunden laut mit. Sofort schließt das „Kamerakind“ seine Augen wieder und wendet sich zusätzlich noch vom Tisch ab.

So, nun soll es alles aufzählen, was es mit seinem „Schnappschuss“ gespeichert hat.

84. Kleine Fotoerinnerungen

4+

Eine der schönsten Beschäftigungen an kalten Winterabenden ist das Durchblättern von Fotoalben und das Erzählen von kleinen Geschichten, die mit diesen Fotos in Zusammenhang stehen.

Das Kind darf sich dabei bestimmte Fotos aussuchen und dann ist Mama, Papa, Oma oder Opa gefragt, die zu dem Foto eine Geschichte erzählen. Wo ist das Foto geknipst worden und warum? Wie alt waren die Beteiligten damals? War der kleine Bruder schon auf der Welt und was ist aus dem Teddy geworden, den das Kind da gerade im Arm hält?

Nur Geduld!

85. Der Schnipsel-Sauger

6+

Jedes Kind bekommt einen Strohhalm. Einer reißt ein kleines Schnipselchen von einer Papierserviette ab, legt es auf den Tisch und saugt es mit seinem Strohhalm an. So gibt er das Schnipselchen an den rechten Tischnachbarn weiter. Der muss nun das Papier vom Strohhalm des ersten Spielers wegsaugen. Das geht nur, wenn dieser Spieler im gleichen Augenblick aufhört, an seinem Strohhalm zu saugen. Tut er das aber einen Moment zu früh, fällt das Schnipselchen herunter.

Auch nicht schlimm, wenn das passiert. Ihr saugt es einfach wieder an und probiert das Ganze noch einmal. Nach kurzer Zeit haben alle Spieler den Bogen raus, und ihr werdet staunen, in welcher Rekordzeit das Schnipselchen von Spieler zu Spieler einmal rund um den Tisch „wandert“.

86. Der Sandwichballon

4+

Sehr viel Geduld, Geschicklichkeit und Konzentration wird den Kindern bei diesem Spiel abverlangt.

Immer zwei Spieler klemmen sich eine Orange (oder einen anderen, runden Gegenstand) zwischen ihre Stirnen.

Sobald das Startzeichen gegeben wird, müssen sich die Spieler einmal um ihre eigene Achse drehen, ohne dabei die Orange zu verlieren und selbstverständlich ohne ihre Hände zu Hilfe zu nehmen.

Das Spielerpaar, das zuerst wieder in Ausgangsposition steht, verdient gebührenden Applaus von Zuschauern und Mitstreitern.

87. Doppelt gemoppelt

5+

Für dieses Spiel braucht ihr zwei gleiche Schuhkartons (ersatzweise große Papiertüten), in die nun jeweils fünf bis acht gleiche Gegenstände gelegt werden, zum Beispiel:

- zwei Schnuller
- zwei Deckel von Schraubgläsern
- zwei Socken
- zwei Bauklötzchen, …

Knopf doch mal!
Geduldige Kinder können sich stundenlang mit Omas Knopfschachtel beschäftigen. Die Knöpfe könnt ihr nämlich:

- zu Bildern auslegen,
- nach Anzahl der Löcher, Farbe, Größe und Form sortieren,
- auf Nylonfäden (Angelschnur) auffädeln und Ketten herstellen.

Dem Kind werden zuerst die Augen verbunden, denn bei diesem Spiel geht es darum, immer zwei gleiche Gegenstände zu ertasten. Das Kind fasst also mit jeder Hand in einen anderen Karton und tastet so lange, bis es in jeder Hand den gleichen Gegenstand hält. Wer richtig getastet hat, darf das erste Paar zur Seite legen und sich gleich auf die nächste Tastreise begeben. Größeren Kindern werden die Gegenstände vor dem Spiel am besten gar nicht gezeigt, das erhöht die Spannung und bietet zudem noch den zweiten Spielanreiz, nämlich das Erkennen der Gegenstände durch Tasten. In diesem Fall solltet ihr solche Dinge auswählen, die sich besonders „lustig“ anfühlen, zum Beispiel:

- Zitronen
- mit wenig Wasser gefüllte Luftballons
- Pelzstückchen
- einzelne Weinbeeren, ….

SPIELE

88. Mit Eimern auf Wanderschaft

6+

Ein Kind begibt sich mit zwei Eimern hinaus ins Freie. Dort stellt es einen Eimer mit der Öffnung nach unten auf den Boden, steigt hinauf, und stellt den zweiten Eimer etwa einen Schritt weit vor sich. Dann steigt es auf den zweiten Eimer, packt den ersten und stellt jetzt diesen vor sich hin. Auf diese Weise wandert das Kind Schritt für Schritt durch den Garten, über die Terrasse oder die Garageneinfahrt entlang. Sind mehrere Kinder und entsprechend viele Eimer oder Getränkekisten vorhanden, könnt ihr auch um die Wette wandern.

89. Der Tischturm

4+

Auf dem Tisch liegen viele, möglichst flache Gegenstände bereit, oder zumindest solche, die ebene Flächen besitzen, wie: ein Spielwürfel, Baustein, Spielkarte, Streichholzschachtel, Wäscheklammer, Münze, Diskette, Dominostein, Radiergummi, ein kleines Buch, … Nun bauen alle Kinder gemeinsam einen Tischturm, wobei jeder, wenn er an der Reihe ist, mindestens einen „Baustein" hinzufügen muss. Wer das letzte Ding auf den Turm gelegt hat, bevor er zusammen fällt, muss alle Gegenstände wieder einsammeln und für die nächste Turmbaurunde bereit legen.

Bleistift-Balance
Besonders geduldige Kinder stellen sich einen Bleistift auf die Handfläche und versuchen ihn so lange wie möglich (hier sind Sekunden gemeint) in Balance zu halten.

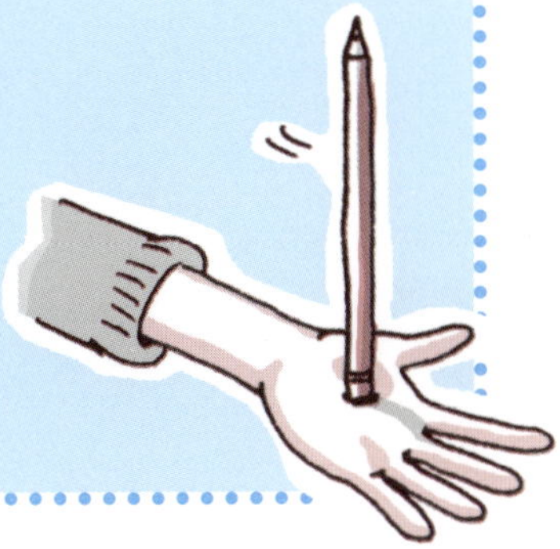

90. Hosentaschen-Roulette

6+

Ein sehr spannendes Spiel, für das ihr einen Würfel braucht und pro Mitspieler sechs „Chips". Als „Chips" dienen kleine, gleich große Quadrate, die ihr aus dünner Pappe ausschneidet. Jeder Spieler beschriftet seine „Chips" mit Zahlen von Eins bis Sechs, bevor er sie in seine Hosentasche schiebt. So, aber jetzt geht es los! Der Spielleiter würfelt beispielsweise eine „Vier". Auf sein Kommando „Fertig, Los!", zieht jeder Spieler einen „Chip" aus seiner Hosentasche und legt ihn auf den Tisch. Hat ein Spieler tatsächlich den richtigen „Chip", nämlich den mit der Zahl „Vier", hat er auch schon einen Punkt gewonnen.
Alle Spieler stecken nun ihre ausgelegten „Chips" wieder ein und der Spielleiter würfelt erneut. Wenn aber kein Spieler den passenden „Chip" auf den Tisch gelegt hat, gibt der Spielleiter das nächste Kommando und jeder zieht seinen zweiten „Chip" aus der Tasche.
So wird weiter gespielt, bis ein Spieler seinen fünften Punkt bekommt und damit Sieger im „Hosentaschen-Roulette" geworden ist.

SPIELE

91. Stich für Stich

8+

Ein Kartenspiel wird gründlich gemischt. Jeder Spieler erhält fünf Karten und die restlichen Karten werden zur Seite gelegt. Nun legt nacheinander jeder seine höchste Spielkarte in die Mitte. Wer die allerhöchste hat, steckt den Stich ein und spielt seine zweithöchste Karte aus. Auch alle Mitspieler legen ihre zweithöchsten Karten in die Mitte. Wieder kassiert derjenige den Stich, dem die allerhöchste Karte gehört usw. Wer die meisten Stiche hat, gewinnt das Spiel.

Achtung:
Haben zwei oder mehrere Spieler Karten mit dem gleichen Wert, zum Beispiel „Könige“ ausgelegt, gewinnt derjenige, dessen König die höchste Farbe hat.

Kreuz > Pik > Herz > Karo
bzw. in Bayern:
Eichel > Gras > Herz > Schellen

92. Glücksbrunnen

4+

Ein Plantschbecken wird aufgeblasen und ohne Wasser im Spielzimmer aufgestellt. Dann stellt ihr mehrere kleine Teller und Tassen ins Becken. Die Spieler stellen sich etwa drei Meter vom Plantschbecken entfernt nebeneinander an einer Wand des Spielzimmers auf. Nacheinander darf jeder sieben Münzen (Legosteinchen, getrocknete Bohnen, Büroklammern, ...) rückwärts in den Glücksbrunnen werfen. Pro Treffer gibt es einen Punkt. Landet eine Münze aber nicht nur im Brunnen, sondern sogar in einem der kleinen Gefäße, so gibt es dafür noch drei Extrapunkte. Die Ergebnisse werden sorgfältig notiert. Nach drei Spielrunden vergleicht ihr die Punktestände und feiert den Sieger.

Tipp:
Anstelle des Plantschbeckens könnt ihr natürlich auch einen entsprechend großen Wäschekorb oder Karton benutzen.

93. Glück in Schachteln

6+

Zwanzig leere Streichholzschachteln werden für diesen spannenden Wettbewerb im Spielzimmer versteckt. Zuvor wurde aber in jede Schachtel eine Zahl zwischen 1 und 10 geschrieben. Jeder Spieler hat genau drei Minuten Zeit, um möglichst viele Schachteln im Zimmer zu finden. Dann werden die Zahlen, die in den Schächtelchen stehen, zusammengezählt. Glück ist also genauso wichtig wie konzentriertes und strategisches Suchen nach den Schachteln. Bevor der nächste Spieler sein Glück unter Beweis stellen darf, werden natürlich alle zwanzig Schachteln wieder im Zimmer versteckt. Am Ende gewinnt natürlich der Spieler, der die höchste Gesamtpunktzahl erreicht hat und das muss nicht derjenige sein, der die meisten Schachteln gefunden hat.

Tipp:
Anstatt Zahlen in die Schachteln zu schreiben, könnt ihr auch Gummibärchen in verschiedenen Mengen hinein legen. Jeder Spieler darf dann seine „Beute" behalten und auffuttern.

94. Wahrsager

7+

Für dieses einfache, aber sehr spannende Spiel braucht ihr einen gewöhnlichen Satz Spielkarten und einen oder mehrere Mitspieler. Der Spielleiter mischt die Karten und hält den Stapel so, dass nur die Rückseite der obersten Karte zu sehen ist. Dann nimmt er die oberste Spielkarte vom Stapel und legt sie aufgedeckt vor den ersten Spieler. Sagen wir, es ist eine 10. Nun muss der Spieler raten, ob die nächste Karte einen höheren Wert hat, also zum Beispiel Bube, Dame, König oder Ass. Oder glaubt er, dass die nächste Karte einen niedrigeren Wert hat, beispielsweise, eine Sieben, Acht oder Neun ist. Nehmen wir an, der Spieler meint, dass die nächste Karte höher ist – und hat Recht. Es ist ein König. Wieder muss er angeben, ob die nächste Karte einen niedrigeren, gleichen oder höheren Wert haben wird. In diesem Fall wird er wahrscheinlich vermuten: „niedriger“. So geht das Spiel weiter, bis der Spieler daneben tippt. Jetzt bekommt er alle Karten, die er bis zu dieser „falschen“ erbeutet hat und der nächste Spieler ist an der Reihe.

Dingsda

95. Laut und undeutlich

5+

Für dieses Spiel braucht ihr pro Spieler einen Flaschenkorken. Ein Kind nimmt seinen Korken in den Mund und hält ihn mit den Zähnen fest. Dieser verstöpselte Spieler sagt nun laut und deutlich einen beliebigen Satz: „Heute wird es noch ein Gewitter geben.“ Die übrigen Kinder müssen ganz genau zuhören. Wer verstanden hat, was der verstöpselte Spieler gesagt hat, ruft es laut und darf sich, wenn's gestimmt hat, mit seinem Korken verstöpseln und den nächsten Satz vorgeben.

Noch gemeiner ist es, wenn mit einem Tischtennisball im Mund gesprochen wird!

96. Gemeinsamkeit

4+

Die Bildplättchen eines Memory-Spiels werden gut gemischt und mit dem Bild nach unten auf den Tisch gelegt. Der erste Spieler deckt zwei beliebige Plättchen auf, zum Beispiel: Schneemann und Schaf. Nun muss er schnell eine Gemeinsamkeit dieser beiden Begriffe angeben. Vielleicht sagt er: „Beide sind weiß“ oder „Beide leben im Freien“, oder „Beide Namen beginnen mit Sch“. Wenn ihm eine Gemeinsamkeit eingefallen ist, darf er diese beiden Kärtchen behalten. Fällt ihm keine Gemeinsamkeit ein, legt er die Kärtchen wieder verdeckt auf ihren Platz. Jetzt ist der nächste Spieler an der Reihe. Wer am Schluss die meisten Kärtchen besitzt, gewinnt. Deckt ein Spieler zufällig zwei gleiche Memory-Kärtchen auf, gilt das als Extragewinn, und er darf diese beiden Karten ebenfalls an sich nehmen.

97. Tierrätsel

8+

Ein Spieler schlägt ein Tierlexikon an beliebiger Stelle auf und beschreibt dem Spielpartner ein Tier, das auf dieser Seite abgebildet ist, zum Beispiel: Es wohnt in Afrika, sieht einem Pferd ähnlich, aber es ist nicht braun, sondern schwarz und weiß. Kann der Partner das Tier erraten? Wenn die Vermutung stimmt, darf er das nächste Tier aussuchen und beschreiben.

Oder ihr spielt so:
Das Kind liest den Begleittext zu dem ausgewählten Tier vor, ersetzt aber den Namen des Tieres immer mit „Dingsda". Das klingt lustig und ist ganz schön spannend, denn ihr müsst sehr genau zuhören, um das Tier zu erraten. Sobald der Spielpartner meint, das Tier erraten zu haben, nennt er den Namen, und wenn`s stimmt, darf er das nächste Rätsel vorlesen.

98. Münzen pusten

4+

Ein 10-Cent-Stück wird auf ein Tischende gelegt. Dann nimmst du einen Strohhalm, holst tief Luft und versuchst mit einem kräftigen Puster die Münze möglichst weit fortzuschlittern. Die Entfernung zwischen Tischkante und Landeplatz der Münze wird mit einem Lineal genau abgemessen. So versuchst du deinen persönlichen Rekord aufzustellen und forderst bei Gelegenheit Freunde und Geschwister zum Wettstreit im Münzen-Pusten auf.

99. Theatersocken

4+

Auch die Füße machen gerne einmal Quatsch! Zwei ausrangierte, partnerlose Socken werden mit Knopfaugen und Wollfadenhaaren in lustige Socken-Clowns verwandelt. Abends vor dem Einschlafen stülpst du dir die Socken über die Füße und spielst allen anwesenden Kuscheltieren ein kleines Socken-Theaterstück vor.

Auf die Karten, fertig, los!

100. Das Kartenduell

7+

Zwei Spieler setzen sich einander gegenüber. Die Karten werden so ausgeteilt, dass jeder die Hälfte auf einem Packen, mit der Rückseite nach oben, vor sich liegen hat. Nun heben beide Spieler ihre Kartenpakete an. Sie können die unterste Karte des Gegners, nicht aber ihre eigene sehen. Beide geben schnell einen Tipp ab, ob ihre eigene Karte höher oder niedriger sein wird als die des Gegners. Dann werden die zwei Karten ausgespielt. Wer richtig getippt hat, erhält einen Punkt. Haben beide Spieler nicht richtig getippt, bekommt natürlich auch keiner einen Punkt.

So wird weitergespielt, bis alle Karten einmal an der Reihe waren. Wer am Ende die meisten Punkte hat, ist Sieger.

101. Ene-mene-ping-pong

6+

Ein Kartenspiel wird an die Spieler ausgeteilt. Einer beginnt, indem er zum Beispiel einen König ausspielt und dazu sagt „Ene“. Der linke Nachbar schaut nach, ob er auch einen König hat, legt ihn dazu und sagt „mene“. Hat er keine gleichwertige Karte, passt er. Der dritte König wird mit dem Wort „ping“ und der vierte mit „pong“ begleitet. Hat ein Spieler mehrere Karten eines Wertes, spielt er alle aus und sagt die entsprechenden Wörter dazu. Derjenige, der die vierte Karte ausgespielt hat, legt eine beliebige weitere, zum Beispiel eine Acht aus. Wer zuerst alle Karten ablegt, gewinnt.

102. Rot und Schwarz

4+

Zwei Kinder spielen dieses einfache Kartenspiel miteinander. Die Karten werden zuerst gründlich gemischt. Der Spielführer hält dann den ganzen Kartenstapel in der Hand, nur von der obersten Karte ist die Rückseite zu sehen. Der andere Spieler muss nun jeweils angeben, ob es sich bei der obersten Karte um eine rote oder eine schwarze handelt. Hat der Spieler richtig getippt, bekommt er die jeweilige Karte. Ist die Vermutung falsch, bekommt der Spielführer die Karte. Haben auf diese Weise alle Karten ihren Besitzer gefunden, zählt jeder seine erbeuteten Karten, und derjenige, der die meisten hat, gewinnt. In der nächsten Spielrunde werden die Rollen getauscht.

Kinderzimmer-olympiade

103. Das Speerwerfen

5+

Speerwerfen im Kinderzimmer klingt irgendwie ungemütlich, ist es aber nicht, wenn ihr statt richtiger Speere Zahnstocher benutzt. Jeder Sportler stützt den Ellbogen seines Wurfarmes auf der Tischkante auf und wirft sein Geschoss mit viel Schwung ab. Wessen Speer am weitesten fliegt, gewinnt.

Tipps:

1. Jeder Sportler sollte seinen Speer farbig markieren, damit es nicht zu Verwechslungen kommt.
2. Bitte immer darauf achten, dass kein Mensch und kein Tier in die Schusslinie gerät!

104. Blitzfußball

6+

Zwei Spieler treten zum Blitzfußball gegeneinander an. Auf dem Tisch liegt ein Blatt Papier, auf dem zwei Tore markiert sind, Tor 1 und Tor 2. Abwechselnd wird gewürfelt. Der eine Fußballspieler „schießt" ein Tor, wenn er eine ungerade Zahl würfelt, der andere muss für sein Tor eine gerade Zahl würfeln. Jeder Treffer wird im entsprechenden Tor mit einem Strich notiert. Es gewinnt der Spieler, der zuerst zwei Tore mehr „geschossen" hat als sein Gegner.

105. Weitwurf

5+

Alle Sportler stehen nebeneinander an der Startlinie. Nun darf abwechselnd jeder Sportler eine Spielkarte oder einen Bierdeckel so weit wie möglich in den Raum werfen. Wessen Wurfgeschoss die weiteste Strecke zurückgelegt hat, merkt sich einen Punkt. Nach fünf Weitwurfrunden wird „abgerechnet" und so der Olympiasieger ermittelt.

106. Ja und Nein

7+

Ein Kind verlässt die Sportlergruppe und die anderen überlegen sich inzwischen eine bestimmte Sportart, zum Beispiel „Segeln". Nachdem das erste Kind wieder zurückgekehrt ist, beginnt das Fragespiel. Das Kind stellt nacheinander Fragen, die die übrigen Spieler nur mit „ja" oder „nein" beantworten dürfen. Vielleicht fragt es, ob man diese Sportart im Freien ausübt, ob man dabei nass werden kann usw. Spätestens nach dem zehnten „nein" sollte die Sportart erraten worden sein.

107. Ringen

4+

Zwei gleich starke Partner können bei dieser Sportart ihre Kräfte messen. Die beiden Sportler setzen sich einander gegenüber an einen Tisch, legen ihre rechten Arme (Linkshänder den linken Arm) auf den Tisch und haken ihre Zeigefinger in einen Vorhangring ein. Sobald das Startzeichen gegeben wird, versuchen beide Ringer ihren Partner „über den Tisch" zu ziehen.

108. Erdnuss-Billard

5+

An jeder Tischecke wird mit Klebestreifen ein Pappbecher befestigt (siehe Abbildung). Fünf Erdnüsse (mit Schale), die in der Tischmitte liegen, sollen nun mit Hilfe eines Bleistiftes in die Pappbecher befördert werden. Erdnüsse, die vom Tisch fallen, scheiden aus. Die Zuschauer zählen mit, wie viele Stöße der jeweilige Sportler benötigt, um alle Nüsse in die Becher zu befördern.

Jeder Spieler ist einmal an der Reihe. Sein Ergebnis wird notiert. Am Ende gewinnt, wer seine Erdnüsse mit den wenigsten Stößen in die Becher katapultiert hat. Dabei spielt es keine Rolle, in welchen Bechern die Nüsse gelandet sind.

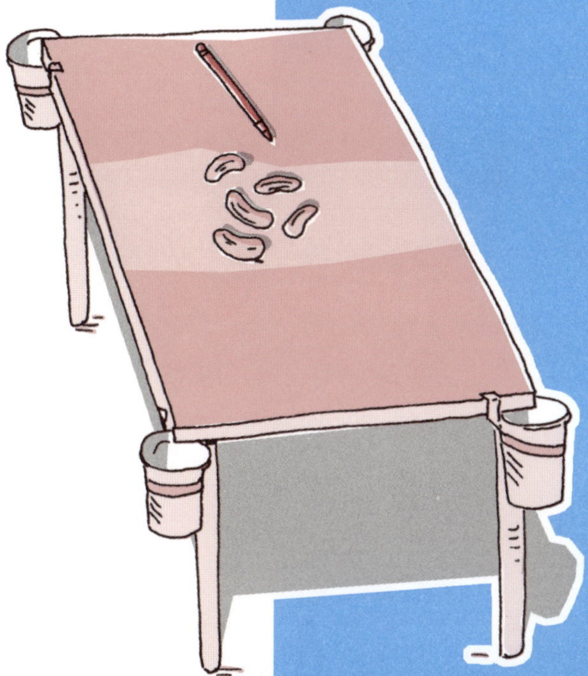

Wer allein spielt, versucht sein Ergebnis in der nächsten Runde selbst zu übertreffen!

109. Tennismatch

Jeder Spieler bekommt ein möglichst großes aber nicht allzu schweres Buch als „Tennisschläger". Der Tennisball wird eingeworfen und nun versuchen beide Spieler, den Ball möglichst oft hin- und herzuspielen und zwar so, dass er etwa in der Mitte des Spielfeldes einmal auf den Boden prellt. Ihr könnt auch einen gewöhnlichen Tisch als Tischtennisplatte umfunktionieren. Wer will, kann eine Wäscheleine als „Netz" aufspannen. Wer keinen Spielpartner hat, spielt eben allein. Der Ball wird dabei so oft wie möglich senkrecht in die Luft geschlagen. Wie lange kann der Ball so gehalten werden, bevor er zu Boden fällt? Rekordergebnis unbedingt aufschreiben!

Der besondere Tipp: Wiederbelebung
Eingedellten Tischtennisbällen könnt ihr neuen Spring- und Spielgeist einhauchen, wenn ihr sie in heißes Wasser legt.
Das heiße Wasser erwärmt die Luft im Inneren der Tennisbälle. Die Luft dehnt sich aus und glättet so die Dellen von innen heraus.

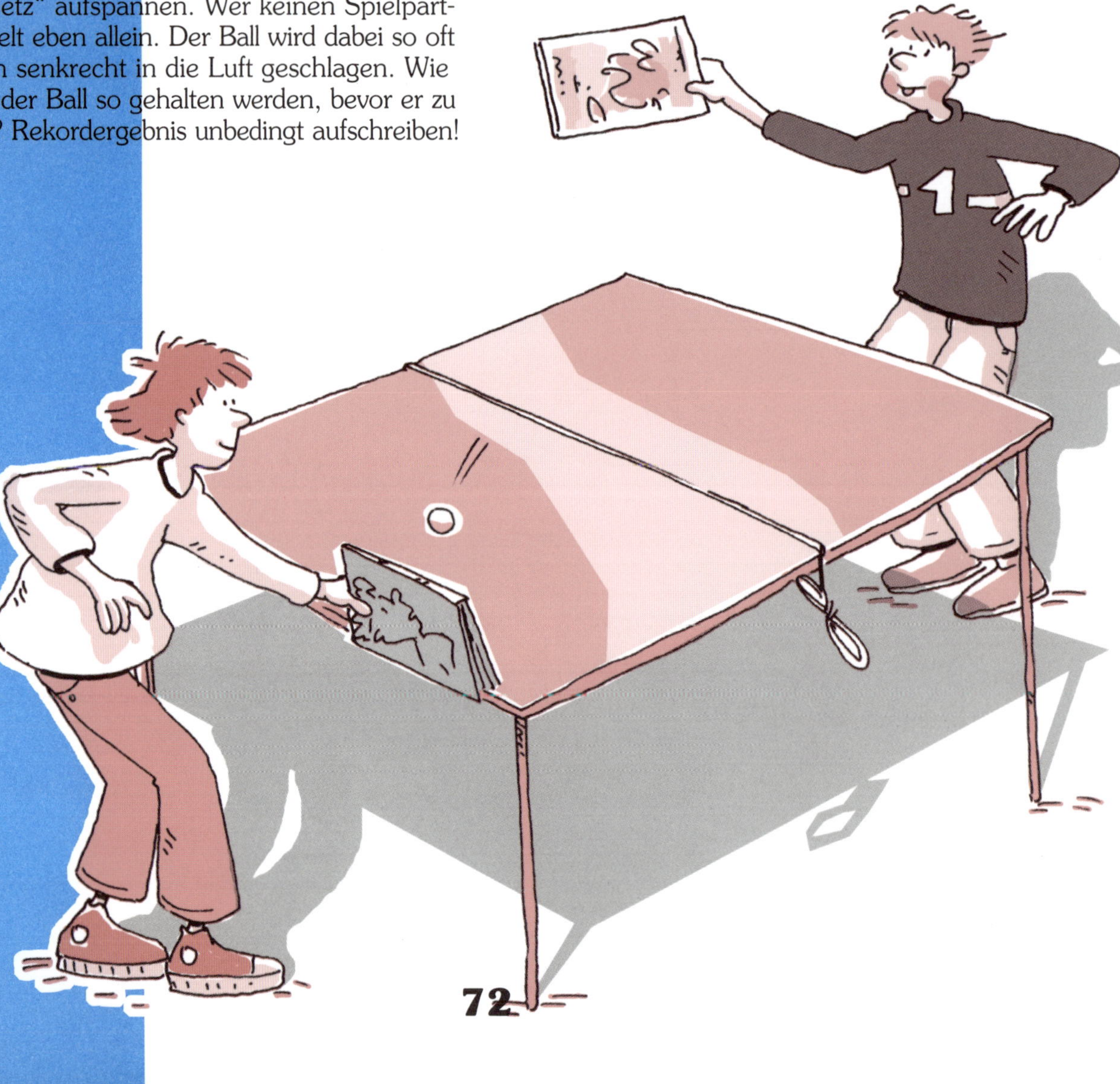

Krickel-Krackel-Kritzelspiele

110. Lippenschreiberei

7+

Das ist ein lustiges Ratespiel. An die Haus- oder Garagenwand wird eine Doppelseite Zeitungspapier geklebt. Alle Kinder sitzen im Gras und passen auf wie Luchse. Ein Kind klemmt sich einen dicken Filzstift zwischen die Lippen und schreibt den ersten Buchstaben eines beliebigen Wortes auf das Zeitungspapier. Dann folgt der zweite Buchstabe und so weiter. Wer als Erster das Geheimwort nennt, ist als nächster Lippenmaler an der Reihe.

111. Rasierschaum-Vergnügen

4+

Am Anfang dieser kurzweiligen Beschäftigung steht das schwerste Stück Arbeit: Du musst nämlich deinen Papa davon überzeugen, dass er für diese Tätigkeit eine gewisse Menge Rasierschaum opfert. Ist aber diese Hürde überwunden, kann es auch schon losgehen. Als Unterlage für die kommenden Schmier- und Matschbilder dient ein Kuchenblech oder ein Tablett. Darauf gibst du eine Portion Schaum, verteilst ihn auf der Unterlage und malst mit den Fingern Muster, Tiere, Buchstaben, Blumen und was dir alles so einfällt. Geht mal was daneben, ist das gar nicht schlimm, denn diese Unterlage wird einfach unter dem Wasserhahn abgespült, und der Spaß kann von neuem beginnen.

112. Erfindungen

4+

Ein Erwachsener ist der Zeichner, hat ein Blatt Papier vor sich auf dem Tisch und hält einen Stift in der Hand. Das Kind ist der Erfinder und beschließt, vielleicht ein neues Tier zu erfinden. Dazu diktiert es die Kennzeichen dem Erwachsenen, der das Ganze dann auch gleich zu Papier bringt. So soll das Tier vielleicht einen Körper wie ein Pferd haben, dann einen Hals wie eine Giraffe bekommen, einen Kopf wie ein Schwein, sieben Elefantenfüße usw. Ist das Tier fertig, darf es vom Erfinder noch bunt ausgemalt werden. Genauso kann das Kind auch ein Traumauto, ein bislang noch unbekanntes Flugobjekt, ein Monster oder ein Traumschloss erfinden.

113. Das Monster

5+

Jedes Kind bekommt ein großes Blatt Papier, ein paar Buntstifte und einen genauen Auftrag, welchen Teil des „Monsters“ es zeichnen soll. Phily malt zum Beispiel den Kopf mit Haaren, jedoch ohne Gesicht. Anja malt den linken Fuß, Benni malt die Monsteraugen, usw. Sind die Kinder fertig mit Malen, schneiden alle ihre Monsterteile aus. Gemeinsam werden die Teile zu einem Riesenmonster auf einem großen Stück Packpapier, Tapete oder auf einer Papiertischdecke zusammengeklebt. Ja und was dabei herauskommt, ist ganz bestimmt monsterhaft lustig und wird als Dekoration im Kinderzimmer aufgehängt.

114. Fadenbilder

4+

Zum Herstellen von Fadenbildern braucht ihr:

- ein paar Wollfäden,
- Wasserfarbe,
- Papier.

Der in Wasserfarbe getauchte Wollfaden wird an einem Ende gehalten und in Schlangenlinien über das Papier gezogen. Toll sieht es aus, wenn ihr das gleiche mehrmals mit verschiedenen Farben wiederholt.

Oder ihr malt so:
Der in Farbe getauchte Faden wird auf ein Blatt Papier gelegt und mit einem zweiten Blatt abgedeckt. Während ihr jetzt ein Ende des Fadens greift, presst ihr mit der anderen Hand das obere Blatt auf das untere und zieht den Wollfaden zwischen den beiden Blätter heraus. Aufklappen und staunen: Fertig ist das Kunstwerk!

115. Abstrakte Kunst

8+

Vor dem Spiel werden viele Zettel vorbereitet, auf die ihr jeweils den Namen eines Gegenstandes schreibt, zum Beispiel: Topf, Tasse, Auto usw. Zu Beginn zieht jedes Kind einen Zettel und liest leise, was darauf steht. Dann darf ein Kind seinen Begriff auf ein Blatt Papier malen, jedoch mit der „falschen“ Hand. Also ein Rechtshänder malt mit der Linken und umgekehrt. Die Mitspieler schauen genau zu, was da gerade entsteht und raten, was das sein soll. Wer den richtigen Begriff zuerst nennt, darf als nächster seinen Gegenstand malen.

Der Mensch
Punkt, Punkt, Komma, Strich,
fertig ist das Angesicht.
Haare noch und Ohren,
dann ist der Mensch geboren.

116. Die Klapper-Eier

5+

Eine ganze Menge der kleinen gelben Plastikbehälter aus dem Inneren von Überraschungseiern braucht ihr, um damit ein interessantes Memory-Spiel herzustellen. Jeweils zwei dieser Plastikeier werden mit demselben Inhalt gefüllt, zum Beispiel mit Murmeln, Nudeln, Reiskörnern, Büroklammern usw. Zum Spielen mischt ihr die Eier und stellt sie dann nebeneinander auf den Tisch.

So wird gespielt:
Ein Spieler hebt zwei Eier hoch und schüttelt sie. Klingt das Geräusch in beiden Behältern gleich, wird nachgeschaut, ob auch das Gleiche drin ist. Haben tatsächlich die beiden Eier den gleichen Inhalt, darf der Spieler dieses Eierpaar an sich nehmen und zwei weitere Behälter schütteln. Stimmen die Geräusche aber nicht überein, werden die Eier wieder auf ihre Plätze gestellt und der nächste Spieler ist an der Reihe. Wer am Ende des Spiels die meisten Klapper-Eier erbeutet hat, gewinnt.

Tipp:
Anstelle der Plastikeier könnt ihr natürlich auch leere Streichholzschachteln oder Filmdöschen benutzen.

Hand in Hand
Einem Kind werden die Augen verbunden. Ein Mitspieler reicht ihm jetzt seine rechte Hand. Das Kind tastet die Hand ganz genau ab und merkt sich alle Besonderheiten wie zum Beispiel ein Ring am Finger, ein besonders langer Daumennagel usw. Kann es diese Hand später mit offenen Augen unter mehreren anderen Händen herausfinden?

117. Froschkönig

4+

Der Froschkönig steht mit verbundenen Augen in der Mitte des Kreises, den die übrigen Froschkinder bilden.
Im gemeinsamen Rhythmus hüpfen die Frösche im Kreis herum und beobachten ehrfürchtig ihren König. Plötzlich streckt der „blinde" König seinen Arm aus, zeigt auf ein beliebiges Froschkind und fordert es auf zu quaken. Kann der König am Quaken erkennen, auf welchen Vornamen dieser Frosch normalerweise hört, tauschen die beiden ihre Rollen.

118. Das Schnupper-Quiz

5+

Für dieses Schnupperspiel braucht ihr zuerst eine ganze Menge kleiner Filmdöschen. Die gibt es im Fotoladen kostenlos. Dann füllt ihr in jedes Döschen etwas hinein, das stark riecht, zum Beispiel Kaffeepulver, Seife, Pfefferminztee, Banane usw. Einem Kind werden die Augen verbunden und dann haltet ihr ihm ein Döschen nach dem anderen unter die Nase. Wie viele Duftstoffe konnten auf Anhieb erraten werden? Was war besonders schwer zu erraten?

Das Waldduft-Schnupper-Quiz
Auf dem nächsten Waldspaziergang ein paar leere Filmdöschen mitnehmen und mit „Waldduftstoffen" wie Pilzen, Moos, Baumrinde, Tannennadeln und so weiter füllen. Wieder zu Hause angekommen, treten alle Spaziergänger dann zum „Waldduft-Schnupper-Quiz" an.

119. Kleines Quiz für Füße

5+

Auf einem Tuch am Boden liegen viele verschiedene Gegenstände, die von ihrer Oberfläche her besonders sind, zum Beispiel ein kleiner Besen, eine Plastiktüte, ein Holzschälchen usw. Nachdem sich alle Kinder die Gegenstände genau angesehen haben, werden einem Kind die Augen verbunden. Ein Mitspieler wählt nun einen der Tastgegenstände aus und legt ihn vor die Füße des Kindes. Es soll nun mit nackten Füßen den Gegenstand abtasten und möglichst schnell angeben, um welches Ding es sich da „fußelt“.

120. Meisterschaft im Schwergewicht

5+

Der Schiedsrichter stellt von jedem Spieler das Gewicht fest und notiert Name und Gewicht auf einem Zettel. Dann erklärt er: Alle haben jetzt fünf Minuten Zeit, sich so schwer wie möglich zu machen. Danach wird jeder noch einmal gewogen und festgestellt, wer am meisten Gewicht zugelegt hat. Wie ihr euer Gewicht erhöht, ist ganz egal. Einer tritt vielleicht mit einem Packen Bücher unter dem Arm zum zweiten Wiegen an. Ein anderer stopft seinen Pulli mit Orangen aus. Wie auch immer: Wer die höchste Last aufgenommen hat, gewinnt.

121. Zeitvertreib für Rechenkünstler

9+

Rechenkünstlern wird es nie langweilig. Du kannst nämlich so einiges berechnen, zum Beispiel:

- wie viele Tage (Stunden) du alt bist (Schalttage nicht vergessen!)
- wie viele Tage die einzelnen Familienmitglieder alt sind, bzw. Freunde und Verwandte. Übrigens ist es doch mindestens genauso wichtig, zum Beispiel seinen 4000sten Tag auf Erden zu feiern, wie seinen nächsten Geburtstag! Solche ungewöhnlichen „Geburtstage“, die in nächster Zeit anstehen, schreibst du dir auf und gratulierst dann zum Beispiel dem Papi zum 20.000sten Tag auf Erden.
- Außerdem könntest du noch ausrechnen, wie lange du arbeiten müsstest, bis du die erste Million verdient hast, vorausgesetzt, du bekämst für die erste Stunde einen Cent, für die zweite zwei Cent, für die dritte Stunde vier, für die vierte Stunde acht usw.

Würfelglück
Ein Spieler würfelt gleichzeitig mit drei Würfeln. Nun soll er zwei Zahlen zusammenzählen und durch die dritte teilen, sodass kein Rest bleibt. Gelingt ihm das, erhält er einen Punkt. Gelingt es ihm nicht, geht er leer aus. Beispiel: Der Spieler würfelt eine Drei, eine Vier und eine Fünf. Er addiert die drei und die Fünf und teilt das Ergebnis durch Vier: 3 + 5 = 8   8 : 4 = 2
Hurra, ein Punkt für diesen Rechner!

122. Mathe-Ball

8+

Rechenfertigkeiten wie zum Beispiel das Einüben von Einmaleinsreihen lassen sich mit einem Ball viel leichter und lustiger erreichen. Einer sagt zum Beispiel „Sieben“ und wirft den Ball einem Mitspieler zu. Der sagt „Vierzehn“ und wirft den Ball zurück. So wird die Einmaleinsreihe vorwärts und gleich darauf wieder rückwärts aufgesagt. Genauso funktioniert das zum Beispiel beim Kopfrechnen. Wir gehen beispielsweise von einer Grundzahl „100“ aus. Jeder, der den Ball bekommt, zieht jetzt eine bestimmte Zahl – vielleicht „6“ – ab, nennt nur die Ergebniszahl, also 94 und wirft den Ball zurück.

123. Der „blinde“ Bankbeamte

8+

Dieses Spiel dient gleichzeitig der Konzentration und dem Rechnen. Weil ihr dafür aber die Münzen schon gut kennen müsst, ist es erst für Kinder ab etwa acht Jahren geeignet. Das Kind verschränkt seine Arme und legt den Kopf ins „Nest“. Die Augen sind geschlossen. Der Mitspieler wirft nun nacheinander drei (zwei, vier, ...) Münzen in eine Schachtel. Der „Bankbeamte“ muss sehr gut aufpassen und hören, wie viele Münzen genau in die Schachtel fallen.

Dann sagt der Mitspieler zum Beispiel: „Ich habe 17 Cent.“ Da das Kind drei Münzen hat fallen hören, knobelt und rechnet es schnell, welche Münzen wohl gefallen sind – in unserem Falle also je eine Münze mit dem Wert: 10 Cent, 5 Cent und 2 Cent. Jetzt werden die Rollen getauscht: Das Kind darf beliebig viele Münzen in die Schachtel fallen lassen und der Mitspieler darf knobeln. Natürlich können auch mehrere Kinder gleichzeitig um die Wette spielen.

124. Dreißig gewinnt!

8+

Immer zwei Kinder spielen gegeneinander. Der erste Spieler schreibt die Zahl 1 und, wenn er will, auch noch die Zahl 2 auf ein Blatt. Sein Spielpartner fügt nun die nächste oder die beiden nächsten Zahlen an. Derjenige, der schließlich die Zahl 30 aufschreiben kann, gewinnt das Spiel.

Beispiel: **Spieler A: 1 2**
Spieler B: 3
Spieler A: 4
Spieler B: 5 6
usw.

125. Kleine Rückenmathematik

8+

Die Kinder spielen zu zweit. Zuerst schreibt ein Kind seinem Partner ganz langsam mit dem Finger eine Zahl auf den Rücken. Der Partner passt genau auf und nennt dann die Zahl.
In der nächsten Spielrunde schreibt jeder seinem Partner eine Rechenaufgabe auf den Rücken, beispielsweise 4 + 3 und der Rechner schreibt seinem Partner die Lösung, in unserem Fall 7 auf den Rücken.

Klar, dass dann die Rollen des Aufgabenstellers und des Rechners getauscht werden.

Denkste!

126. Woran denkst du?

7+

Ein Kind wird aus dem Raum geschickt. Der Spielleiter fragt die übrigen Kinder: „Woran denkst du, wenn ich „Schule“ (Winter, Auto, Geburtstag ...) sage?“ Jedes Kind darf einen Begriff nennen, in unserem Fall vielleicht: Lehrer, Hausaufgabe, Schultüte. Der Spielleiter notiert die Begriffe auf einem Zettel. Jetzt wird das erste Kind zurückgerufen. Ihm wird die gleiche Frage gestellt: „Woran denkst du, wenn ich „Schule“ sage? Für jeden passenden Begriff bekommt das Kind einen Punkt. Nennt es aber etwas, das nicht auf dem Zettel steht, ist seine Chance vorbei. Die erreichte Punktzahl wird aufgeschrieben und der nächste Spieler ist an der Reihe. Es gewinnt, wer am Ende die höchste Gesamtpunktzahl erreicht hat.

127. Das Taschenlampenquiz

8+

Alle Kinder sitzen dicht nebeneinander im Dunkeln; jedes ist mit einer Taschenlampe „bewaffnet“.
Der Quizleiter stellt nun nacheinander Fragen, wie: „Wie heißt das Märchen, bei dem Lebkuchen geklaut wurden?“ oder: „Wie nennt man ein weißes Pferd?“ oder: „Wie hieß Mozart mit Vornamen?“

Wer die Antwort weiß, schaltet blitzschnell seine Taschenlampe ein und wird vom Quizleiter aufgerufen. Für jede richtige Antwort gibt es eine Nuss. Wer eine falsche Antwort nennt oder seine Taschenlampe anknipst, ohne die Antwort zu wissen, muss eine Nuss zurückgeben. Bei Ende des Spiels zählt jeder Spieler seine Beute, behält die Nüsse oder bekommt sie in Kekse, Gummibären oder Bonbons eingetauscht.

128. Rätselreihen

8+

Ein Kind gibt drei bis fünf Wörter vor, die eine bestimmte Gemeinsamkeit aufweisen, zum Beispiel: „Anna, Berta, Christiane, Dorothee, Emily." Das andere Kind hört genau zu, denkt nach und versucht dann, die Reihe fortzusetzen.
In unserem Fall handelt es sich um lauter Mädchennamen, deren Anfangsbuchstaben dem Alphabet folgen. Wer aufgepasst hat, könnte also so fortfahren: „Fabrina, Gisela, Hannelore, ..." Hier gleich ein weiteres Beispiel: Hanna gibt diese Wörter vor: „Hühnerleiter, Semmelknödel, Märchenbücher, Federmäppchen." Alle Mitspieler denken und denken, und endlich findet Julia die Antwort: „Alle Wörter bestehen aus vier Silben!" Also könnte die Reihe so fortgesetzt werden: „Blei-stift-spitzer, Ther-mo-me-ter." Hier noch ein paar Vorschläge für andere Rätselreihen:
Bus, Hut, Tor, Klo, ...
(alle Wörter bestehen aus drei Buchstaben)
Fahrrad, Auto, Bus, Traktor, ...
(lauter Dinge, die fahren können)
Fridolin, Zeppelin, Delphin, Medizin, ...
(alle Wörter enden auf -in)
Zitrone, Banane, Eidotter, Sonne, ...
(lauter gelbe Dinge)

Den letzten beißen die Hunde
Auf dem Tisch liegen 15 kleine Gegenstände, zum Beispiel Münzen, Zuckerpäckchen, Löffel, Schlüssel usw. Zwei Spieler treten gegeneinander an. Abwechselnd darf jeder einen, zwei oder maximal drei Dinge vom Tisch nehmen. Es verliert der Spieler, der den letzten Gegenstand wegnehmen muss.

129. Fragen gesucht

8+

Ein Spieler gibt eine bestimmte Antwort vor, zum Beispiel: „Es ist jetzt genau fünf Minuten vor sechs Uhr.“
Und die Kinder sollen die entsprechende Frage formulieren, also in unserem Fall: „Wie viel Uhr ist es, bitte?“
Wie könnten die Fragen zu diesen Beispielen lauten?
„Heute Mittag gibt es Spaghetti mit Käsesoße.“ „Am Sonntag fahren wir in den Tierpark.“ „Er wird im März 42 Jahre alt.“

130. Domino

9+

Jetzt wird es schwierig! Für dieses Spiel braucht ihr ein paar Dominosteine und eine große Portion Konzentration.

Auf dem Tisch liegen drei (später vier, fünf oder noch mehr) Dominosteine mit unterschiedlicher Punktzahl. Das Kind darf sich diese Steine eine Weile lang anschauen. Dann schließt es die Augen, und der Mitspieler nimmt einen Stein weg. Dieser Stein wird zu einer Gruppe anderer Dominosteine (etwa fünf Stück) gelegt. Die Aufgabe des Kindes besteht jetzt darin, den weggenommenen Stein in der Gruppe der anderen Steine zu entdecken.

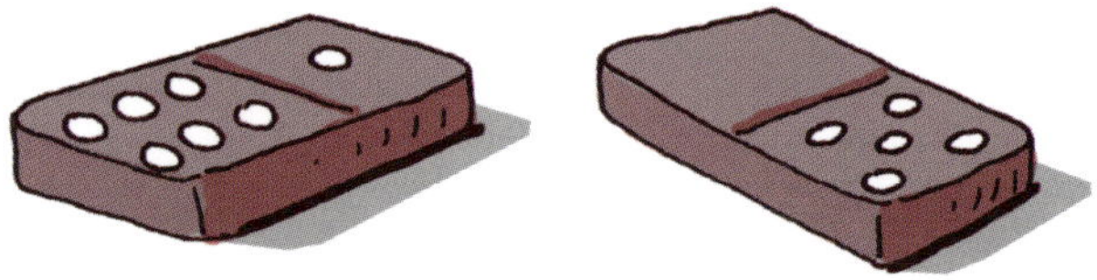

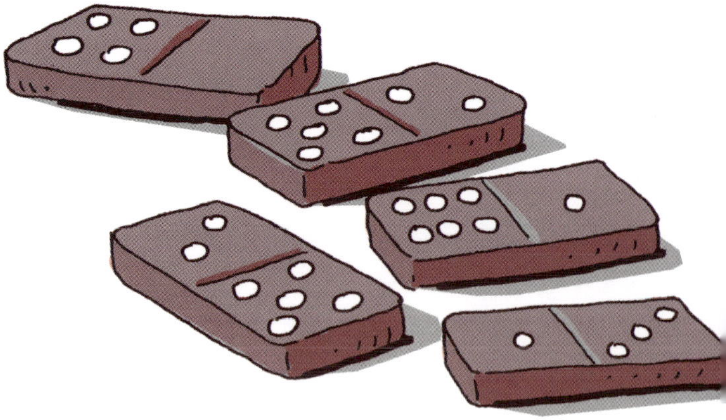

Ganz besonders schwierig wird es, wenn ihr die Dominosteine zusätzlich noch dreht.

131. Spielwürfel

6+

Ihr könnt nicht spielen, weil kein Würfel aufzutreiben ist? Kein Problem – hier ein paar Tipps, wie ihr euch helfen könnt:

1. Ein Stück Würfelzucker bietet einen prima Ersatz. Die Würfelaugen werden mit Filzstift auf die Würfelflächen gemalt. Achtung: Die Summe der Würfelaugen zweier gegenüberliegenden Flächen beträgt 7; also: 6 + 1, 5 + 2, 4 + 3.

2. In die Mitte eines Bierdeckels wird ein dünner Nagel gepiekst. Die Bierdeckeloberseite wird in sechs gleichgroße Felder eingeteilt und von 1-6 beschriftet. Das sieht dann so aus: Eine Büroklammer über den Nagel stecken und kreiseln lassen. Die Spitze der Büroklammer zeigt auf die „gewürfelte" Zahl.

132. Würfelbecher

4+

Wenn du krank im Bett liegst und dir die Zeit mit Würfelspielen vertreibst, brauchst du einen praktischen Würfelbecher, mit dessen Hilfe du nicht ständig nach davon gekullerten Würfeln suchen musst. Die Lösung ist ein kleines Glas mit Schraubdeckel. Da hinein gibst du die Würfel, schraubst das Glas zu und schon kann gewürfelt werden.

133. Nicht über dreißig!

8+

Abwechselnd wird gewürfelt, wobei immer der Spieler, der gerade an der Reihe ist, seine Würfelaugen zur Gesamtsumme addiert und das neue Ergebnis laut nennt. Alle Augen werden zusammengezählt, nur bei einer Sechs werden sechs Punkte vom Ergebnis abgezogen. Derjenige, der nun beim Zusammenzählen eine Zahl über 30 erreicht, verliert das Spiel.

134. Auf Bestellung

5+

Die Spieler sitzen gemütlich um einen Tisch herum. Der erste Spieler nennt seinem linken Nachbarn eine Zahl zwischen l und 6, zum Beispiel: „Vier“ und gibt ihm den Würfel. Der Nachbar darf dreimal würfeln und bekommt so viele Punkte, wie er die bestellte Zahl würfelt; maximal also drei Punkte. Dann nennt er seinerseits seinem linken Nachbarn eine beliebige Zahl, und dieses Kind versucht sein Würfelglück. Es gewinnt, wer zuerst zehn Punkte ergattert.

135. Würfel mit Musik

5+

Alle Spieler sitzen um einen Tisch herum. Ein Kind bekommt einen Würfel und darf nun so oft wie möglich hintereinander würfeln, während die Zuschauer gemeinsam ein Lied singen. Alle Sechsen, die das Kind würfelt, solange die anderen singen, werden gezählt und am Ende als Pluspunkte gutgeschrieben. Das ist auch der Grund, warum die Mitspieler so schnell singen, denn sie wollen natürlich dem Würfler nicht zu viel Zeit lassen.

Nacheinander ist jeder Spieler einmal mit Würfeln an der Reihe. Es gewinnt, wer am Ende die höchste Punktzahl erreicht hat.

136. Vorsicht, Zwilling

7+

Für dieses spannende Spiel braucht ihr einen Spielwürfel, einen Zettel, einen Stift und sehr gute Nerven! Alle Spieler sitzen im Kreis. Der erste Spieler würfelt so oft er will und zählt dabei die erwürfelten Augen zusammen. Sollte aber eine Würfelzahl zum zweiten Mal erscheinen, sind alle bisher erreichten Punkte verloren und der nächste Spieler ist an der Reihe. Es heißt also, bescheiden sein und rechtzeitig den Würfel weitergeben. In diesem Fall wird die Summe dem Würfler gut geschrieben. Es gewinnt, wer zuerst 100 Punkte erreicht.

137. Süße Weihnachtswichtel aus Rosinen

4+

Miniaturausgaben der berühmten „Zwetschgen-Männle“ können leicht aus Rosinen und kurzen Stücken von Zahnstochern hergestellt werden. Die Zahnstocher werden einfach in kurze Stücke zerbrochen und in die Rosinen gesteckt. Wer will, kann den Mini-Männchen Kleider, Hüte und Schals aus winzigen Stoffresten schneidern.

138. Die Weihnachtsliederkette

4+

Ein Familienmitglied beginnt ein bekanntes Weihnachtslied zu singen, hält an einer beliebigen Stelle inne und blinzelt einem Mitspieler zu, der sofort das Lied weiter singt. Nach ein paar Takten blinzelt der Sänger das Lied an einen anderen Spieler weiter usw. Ist das Lied zu Ende gesungen, beginnt der Sänger, der gerade an der Reihe war, ein neues Lied.

139. Funkelnde Folienplätzchen

4+

Bei dieser Weihnachtsbastelei können sich kleine und größere Kinder die Aufgaben prima teilen. Legt einen Bogen Bastelfolie auf eine schnittfeste Unterlage oder mehrere Zeitungen. Nun wählen die kleineren Kinder die allerschönsten Ausstechformen für Weihnachtsplätzchen. Sterne, Herzen oder Tannenbäumchen werden so fest auf die Folie gedrückt, dass sich die Formen in die Folie einprägen. Dann sind die größeren Kinder an der Reihe. Sie schneiden die glitzernden Folienplätzchen mit einer Bastelschere aus und bohren mit einer Nadel ein Loch in jeden Stern und jedes Tannenbäumchen.

Zum Schluss werden alle Folienplätzchen auf einen langen dünnen Faden gefädelt. Die glitzernden Ketten können als Schmuck für den Weihnachtsbaum verschenkt werden.

Das Adventstagebuch

Alles, was so in der Adventszeit und an den Weihnachtsfeiertagen passiert, wird in einem extra dafür angelegten Büchlein notiert. Da steht dann zum Beispiel drin, wer wann zu Besuch kam, und die Autogramme der Besucher finden sich gleich auf derselben Seite. Weihnachtskarten können in das Büchlein geklebt werden, die Eintrittskarten vom Weihnachtskonzert usw. Am besten bindet ihr das Büchlein gleich mit weihnachtlichem Geschenkpapier ein. Wer will, notiert auch, welche Geschenke ihr wem in diesem Jahr gemacht habt. Das ist als Anregung im nächsten Jahr ganz nützlich und ihr vermeidet auf diese Weise peinliche Wiederholungsgeschenke. Auch nach dem Fest wird das Büchlein noch nicht weggelegt. Jetzt notiert ihr beispielsweise, was es an Weihnachten zu essen gab, klebt ein Foto vom Weihnachtsbaum dazu und vielleicht noch welche von den Kindern mit den jeweiligen Lieblingsgeschenken. So entsteht ein kleines, ganz individuelles Familientagebuch, mit dessen Hilfe ihr euch noch nach Jahren ganz genau an diese Adventszeit erinnern werdet.

Spiele im Schnee

140. Schneeköpfe

6+

Zuerst rollt ihr euch eine möglichst große Schneekugel. Dann legt ihr Werkzeuge bereit, wie zum Beispiel einen Spachtel, eine kleine Sandschaufel und eine Wassersprühflasche.

So, nun kann die Arbeit beginnen. Langsam und vorsichtig schabt ihr hier ein wenig Schnee weg und klebt an einer anderen Stelle wieder etwas Schnee an den Kopf, so dass allmählich das Gesicht und die Haare zu erkennen sind.

141. Der gefüllte Schneeball

4+

Ein Spieler rollt etwa fünf gleich große Schneebälle und versteckt in der Mitte eines Schneeballs einen Knopf. Die Spieler stellen sich im Kreis auf und geben die Schneebälle einzeln ganz schnell an den linken Nachbarn weiter. So werden die Bälle also immer im Kreis weitergereicht, bis plötzlich der Spielleiter „Stopp" ruft. Wer jetzt einen Schneeball in der Hand hält, bricht ihn auseinander und schaut nach, ob sich der Knopf darin befindet.

Wer den „gefüllten Schneeball" hat, gewinnt das Spiel.

142. Die Riesenkugeln

6+

Jedes Kind formt sich zuerst einen Schneeball, legt ihn dann vor sich in den Schnee und rollt ihn einmal vorwärts, einmal seitwärts usw. So entsteht eine riesige Schneekugel.

Jeder rollt seine Kugel so lange, bis ihm die Kräfte ausgehen und sich der Riesenschneeball keinen Zentimeter mehr weiterrollen lässt.

Liebe Sonne, komm gekrochen,
denn mich friert`s an allen Knochen.
Liebe Sonne komm gerennt,
denn mich friert`s an meine Händ`.

Dann nehmt ihr kleine Sandschaufeln zur Hand und grabt einen Hohlraum in die Kugel. Gerade so groß, dass ihr euch in die Höhle hineinkauern könnt. So hat jeder Spieler sein eigenes Iglu.

Wenn noch Zeit ist, spielt ihr Eskimos, Eispiraten oder Schneeindianer und hofft, dass irgendeine nette Schneemama vorbeikommt mit einer Thermosflasche voll heißem Tee.

Tipp:
Auf die gleiche Weise könnt ihr auch tolle Iglus für Kuscheltiere und winterliche Puppenstuben für warm angezogene Püppchen bauen!

143. Schneebilder

5+

Eine Wand, die möglichst nicht weiß ist, und eine Menge Schneebälle brauchst du als Schneemaler.

Dann überlegst du dir ein einfaches Bild, das du mit den Schneebällen an die Wand werfen willst, zum Beispiel eine Blume, ein Auto, ein Männchen und so weiter.

Dazu stellst du dich zirka fünf große Schritte von der Wand entfernt auf und wirfst die Schneebälle an die Wand. Natürlich wird das Bild nicht so perfekt, als wenn du es mit dem Pinsel malst, aber es wird zumindest so gut, dass ein Spielpartner erkennen kann, was es darstellt.

144. Spurensuche

4+

Viel spannender als ein Winterspaziergang ist eine Spurensuche im Schnee. In Bibliotheken kannst du dir meistens ein Buch ausleihen, in dem die Tierspuren abgebildet sind. Dann geht die ganze Familie warm verpackt über die verschneiten Wiesen am Waldrand entlang auf der Suche nach interessanten Tierspuren.

145. Das Wettrodeln für Schneemänner

5+

Jedes Kind erhält einen Schuhkarton ohne Deckel und setzt einen kleinen Schneemann in diesen Pappschlitten. Die Schlitten werden nebeneinander an die Startlinie gestellt. Einer ruft: „Auf die Plätze, fertig, los!" und schon versuchen die jeweiligen Besitzer der Wettrodler, ihre Schlitten mit Schneebällen möglichst schnell zur Ziellinie zu treiben.
Wem gehört der Schlitten, der zuerst über die Ziellinie schlittert?

Tipp:
Ist ein Schneehügel in der Nähe, können die Schneemänner auch um die Wette den Hang hinunter rutschen. Ein Spieler nimmt auf einem Schlitten Platz.

146. Nächtliche Schlittenfahrt

6+

Damit es für den Spieler „Nacht" wird, legt ihr ihm eine dicke Decke über den Kopf. Alle anderen ziehen den Schlittenfahrer kreuz und quer durch den Garten, ums Haus herum usw. Plötzlich stoppt das Gefährt und der Passagier wird gefragt, wo er sich seiner Meinung nach jetzt befindet, zum Beispiel „Am Mülltonnenhäuschen"

Tipp:
Im Sommer wird der Schlitten durch einen Leiterwagen oder eine Schubkarre ersetzt.

147. Schneebilder

5+

Der Spielleiter hat viele Zettelchen vorbereitet und schon vor Spielbeginn auf jeden Zettel den Namen eines Gegenstandes oder eines Tieres geschrieben, dessen Umrisse die Kinder mit ihren Fußspuren in den Schnee laufen können, zum Beispiel ein Elefant, ein Haus, ein Schmetterling, ein Segelboot. Die Zettel werden zusammengefaltet und in einer Schachtel bis zum Spielbeginn aufbewahrt.

Jetzt darf jedes Kind einen Zettel ziehen, lesen was draufsteht und sich auch gleich ans Werk machen. Sind alle Kinder fertig, werden die Schneebilder gemeinsam betrachtet und natürlich auch der jeweils passende Begriff genannt.

Abzählreim:
Morgen wolln wir Schlitten fahren,
morgen um halb neune.
Spann ich meinen Schimmel an,
fahr ich ganz alleine.
Ganz alleine fahr ich nit,
da nehm ich mir
(den Peter, die Mona) mit.

Wessen Bild war leicht zu erkennen? Wer hat wohl den schwierigsten Begriff gezogen? Hat das Spiel allen Kindern Spaß gemacht, werden die Zettel einfach wieder zusammengefaltet, zu den anderen in die Schachtel gegeben und jedes Kind zieht sich einen neuen Begriff.

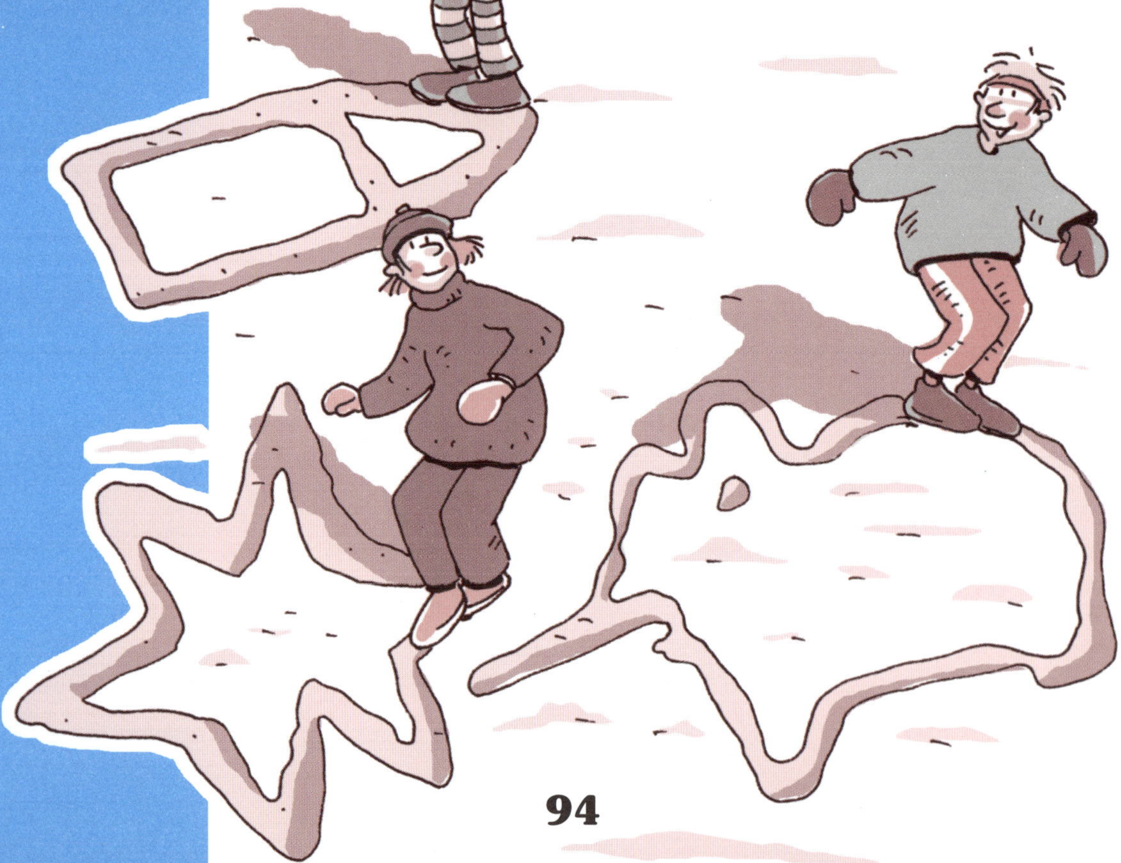

148. So war unser Tag

6+

Dieses kleine Gedächtnisspielchen probiert ihr am besten abends aus. Wenn zum Beispiel die ganze Familie beim Abendessen um den Tisch versammelt ist, nennt jeder abwechselnd eine Tätigkeit, die er heute gemacht hat, also zum Beispiel: „Ich habe in der Früh die Zahnpastatube gesucht“, oder „Ich war schon wach, bevor der Wecker geklingelt hat“, und so weiter. So wird weitergespielt, bis die Familie schließlich wieder in der Gegenwart, also beim Abendessen angelangt ist.

149. Die Fingerzwerge

4+

Mit Filzstift wird dem Zeigefinger ein lustiges Gesicht aufgemalt. Bekommt er noch einen winzigen Hut aufgesetzt, ist der Fingerzwerg perfekt und beginnt sofort, mit quietschender Stimme irgendeinen Quatsch zu sagen. Er zappelt herum, beschwert sich über das schlechte Wetter und möchte so gerne wenigstens einen Freund zum Spielen. Den kann er haben! Nun wird auch der Mittelfinger als Zwerglein verkleidet. Diese beiden munteren Gesellen werden sich erst einmal begrüßen, misstrauisch beschnuppern und dann gemeinsam viele lustige Dinge tun. Am Schluss legen sie sich nebeneinander ins Bett, gähnen und schlafen bestimmt bald ein!

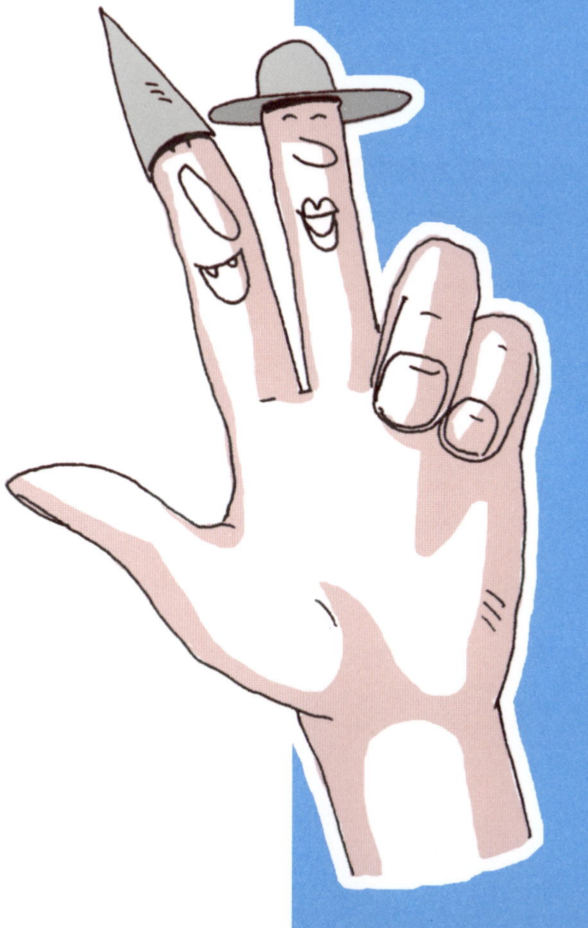

BASTELIDEEN:
Seite 96-139

150. Schneeflocken

Zur Winterdekoration

Du brauchst:
- weiße Watte
- weißen Karton
- (durchsichtigen) Faden
- Nadel
- Klebeband

Und so wird's gemacht:
1. Zeichne mit Bleistift eine große Wolke auf den weißen Karton und schneide sie aus.
2. Forme aus Watte viele Kugeln und schneide von dem Faden sechs ca. 50–60 cm lange Stücke ab.
3. Fädle den ersten Faden auf die Nadel, mache einen Knoten und nähe die erste Wattekugel fest.
4. Mache im Abstand von ca. 5 cm einen Knoten und nähe die nächste Kugel fest.
5. Fertige so mehrere „Schneeflockenketten".
6. Nähe jede Kette am unteren Rand der großen Wolke fest. Klebe die Wolke mit Klebeband ans Fenster oder ziehe einen Faden am oberen Rand der Wolke durch und befestige ihn an der Decke.

151. Eisfenster

Für Winterstimmung in deinem Zimmer

Du brauchst:
- Sprühdose Kunstschnee
- Pappe
- Bleistift
- Schneidemesser
- Schere
- Klebeband

Und so wird's gemacht:
1. Zeichne auf die Pappe die Umrisse eines Sterns, Herzens oder eines Ornaments. Du kannst auch einfach eine Backform zum Ausstechen auf die Pappe legen und sie mit dem Bleistift umfahren.
2. Bitte einen Erwachsenen, die Motive mit dem Cutter auszuschneiden.
3. Überlege dir, wo das Motiv am besten auf dein Fenster passt und klebe dort die Schablone mit Klebeband fest.
4. Bitte einen Erwachsenen, gleichmäßig auf die „Löcher" der Schablone zu sprühen, lass den Kunstschnee trocknen und entferne dann vorsichtig die Schablone. Vorsicht! Anleitung auf der Dose beachten, nicht in die Augen sprühen und nicht einatmen! Am besten bei offenem Fenster arbeiten!

Extra-Tipp:
Der Kunstschnee lässt sich später am besten mit einem Rasierklingenschaber (zum Reinigen von Kochkeramikplatten) entfernen.

152. Eisskulptur

Zur Dekoration für Garten und Balkon

Du brauchst:
- Eimer
- Tannen-, Fichten- und Kiefernzapfen
- Wasser

Und so wird's gemacht:
1. Lege Tannen-, Kiefern- und Fichtenzapfen in den Eimer und fülle ihn randvoll mit Wasser.
2. Stelle das Ganze bei Minustemperaturen draußen auf den Balkon oder die Terrasse.
3. Stürze den Eimer am nächsten Morgen. Es entsteht eine tolle Eisskulptur, die Balkon oder Terrasse schmückt.

153. Eisvogel

Zur Winterdekoration

Du brauchst:
- Tonkarton (weiß oder hellblau)
- silberne Plakafarbe
- Pinsel
- 2 Walnusshälften
- Silberkordel
- Klebstoff (extrastark)
- Bleistift
- Schere
- Filzstift
- Silberglitter

Und so wird's gemacht:
1. Zeichne mit Bleistift die Umrisse eines Vogels (s. Abbildung) auf das Tonpapier und schneide ihn aus.
2. Bemale die Walnusshälften außen mit Silberfarbe und lass sie trocknen.
3. Bitte einen Erwachsenen, oben in der Mitte des Vogels mit der Schere ein Loch zu pieksen und ziehe ein Silberkordel zum Aufhängen durch.
4. Male dem Vogel beiderseits ein Auge, vielleicht auch einen Schnabel und Schwanzfedern und schmücke ihn mit angeklebtem Silberglitter.
5. Klebe auf beide Seiten des Tiers als Flügel (bzw. Bauch) die Walnusshälften auf und hänge den Eisvogel als Mobile in dein Zimmer.

154. Meisenknödel

Zur Winterfütterung von Meisen

Du brauchst:
- Topf
- 250 g Rindertalg
- 200 g Haferflocken oder Weizenkleie
- Hand voll zerkleinerter Haselnüsse
- 2 Teelöffel Leinsamen
- mehrere gebrauchte Kunststoffnetze (z.B. Knoblauchnetze aus dem Gemüsehandel)
- Bindfaden
- Schere

Und so wird's gemacht:
1. Erhitze den Rindertalg, bis eine heiße Flüssigkeit entsteht. Stelle die Temperatur aber nicht zu hoch ein, sonst spritzt das Fett, und du kannst dich verbrennen!
2. Rühre Haferflocken oder Weizenkleie in den ausgelassenen Rindertalg.
3. Rühre die zerkleinerten Haselnüsse ein und lass die Flüssigkeit auskühlen.
4. Forme aus dem lauwarmen, zähflüssigen Futterbrei faustgroße Kugeln und wickle sie jeweils in ein Kunststoffnetz.
5. Schnüre das Kunststoffnetz mit einem Stück Bindfaden zu und hänge den Meisenknödel an einen geeigneten Platz (z. B. draußen im Garten an den Ast eines Baums oder ans Futterhäuschen).

Schon gewusst?
Futterstellen für Vögel kann man im Garten, auf der Terrasse oder dem Balkon einrichten. Das Futterhäuschen sollte ein großes Dach haben, das das Futter vor Regen, Wind und Schnee schützt. Seine größte offene Seite sollte nach Süden oder Osten gerichtet sein. Mit der Winterfütterung kannst du beginnen, wenn anhaltender Nachtfrost herrscht, der Boden mit Schnee bedeckt ist und den Vögeln deshalb nur wenige natürliche Nahrungsquellen zur Verfügung stehen. Küchenabfälle wie Brot, Käserinde, Kuchenreste und alles, was gesalzen oder gekocht ist, darf nicht verfüttert werden. Körnerfresser wie Finken, Zeisige, Gimpel, Sperlinge, Kleiber, Buntspechte oder Türkentauben fressen eine Mischung aus Sonnenblumen, Hafer, Weizen, Mohn und Hirse. Weichfresser wie Amsel, Rotkehlchen oder Heckenbraunelle freuen sich über Haferflocken, Rosinen oder Beeren (z.B. Holunder, Weißdorn), die du schon im Herbst sammeln kannst, mögen aber auch klein geschnittene Äpfel. Aber füttere nicht zuviel! Die Futterstelle muss außerdem regelmäßg gesäubert und von alten, aufgeweichten oder verkoteten Futterresten befreit werden. Danach Hände waschen nicht vergessen!

155. Futterherzen

ERWACHSENENHILFE ERFORDERLICH

Zur Winterfütterung

von Meisen

Du brauchst:
- Rindertalg
- Vogelfutter (gemischt)
- Backförmchen (z.B. Herzen) oder Sandförmchen
- Zeitungspapier
- Backpapier
- Bindfaden
- Schere

Und so wird's gemacht:
1. Erhitze den Rindertalg bis eine heiße Flüssigkeit entsteht. Stelle die Temperatur aber nicht zu hoch ein, sonst spritzt das Fett, und du kannst dich verbrennen!
2. Breite Zeitungspapier auf dem Küchentisch und darauf Backpapier aus und stelle die Backförmchen nebeneinander.
3. Bitte einen Erwachsenen, den Talg vorsichtig in die Förmchen zu gießen. Oben sollte aber ein Rand von ca. 0,5 cm frei bleiben.
4. Streue die Vogelfuttermischung in das flüssige Fett und lass es in der Form erkalten.
5. Löse das Futterherz aus der Form. Das geht am besten, wenn man heißes Wasser über die Rückseite der Förmchen laufen lässt.
6. Wickle um das herausgelöste Futterherz den Bindfaden und hänge es draußen an einem Zweig an einer geschützten Stelle auf.

Extra-Tipp:
Du kannst auch einen Erwachsenen bitten, die heiße Fettmasse in eine Kuchenform zu gießen. Streue nun Körner und Beeren darauf und lass alles draußen bei Minustemperaturen erkalten. Schneide von dem erkalteten Fettkuchen Scheiben ab und hänge sie mit einem Bindfaden an den äußeren Zweigen im Baum auf.

156. Erdnusskette

Für hungrige, Körner fressende Vögel

Du brauchst:
- frische Erdnüsse mit Schale
- lange, spitze Nadel
- Faden

Und so wird's gemacht:
1. Fädle die Erdnüsse mit Nadel und Faden zu einer Kette auf.
2. Hänge die Kette, wenn es sehr kalt ist, an die Zweige der Bäume im Garten oder im Wald.

Schon gewusst?
Auch Vögel haben im Winter, wenn die Pfützen zu Eis gefroren sind, Durst. Stelle deshalb alte, mit Wasser gefüllte Blumenuntersetzer aus und beobachte die Vögel beim Trinken!

157. Winterzweige

ERWACHSENENHILFE ERFORDERLICH

Für dein Zimmer

Du brauchst:
- blätterlose Äste, Zweige, Halme
- vertrocknetes Laub
- Kiefernzapfen
- dünnen Blumendraht
- Tontopf
- hellgraue Plakafarbe
- Kieselsteine
- Sprühdose Kunstschnee

Und so wird's gemacht:
1. Bemale den Tontopf mit Plakafarbe.
2. Binde mit Blumendraht Kiefernzapfen und vertrocknete Blätter an den Ästen und Zweigen fest.
3. Stelle die Zweige in den Tontopf und drapiere sie zu einem hübschen Gesteck. Lege Kieselsteine in den Topf und fixiere die Zweige damit.
4. Lass die Zweige, Zapfen, Blätter und den Rand des Tontopfs von einem Erwachsenen im Freien mit Kunstschnee besprühen. Vorsicht! Anleitung auf der Dose beachten, nicht in die Augen sprühen und nicht einatmen!

158. Papiersterne

Für dein Fenster

Du brauchst:
- weißes Papier
- Schere

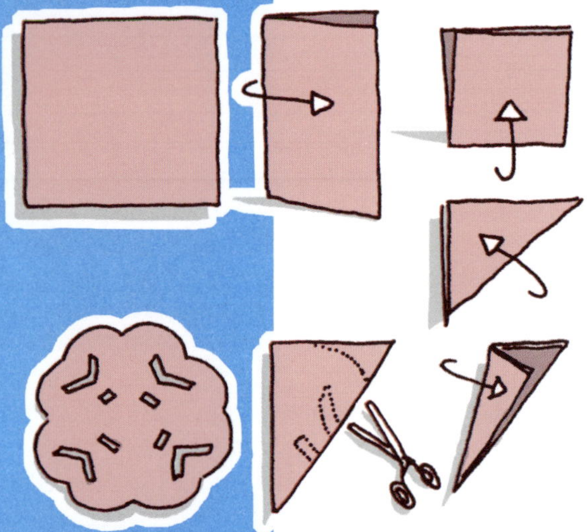

Und so wird's gemacht:
1. Schneide ein Papierquadrat aus und falte es einmal auf die Hälfte.
2. Falte das entstandene Rechteck zu einem Quadrat.
3. Falte das Quadrat ein oder zweimal zu einem Dreieck.
4. Schneide oben am Dreieck ein Dach zu oder runde es ab.
5. Schneide an den Seiten des Dreiecks kleine oder größere Ecken heraus und falte es dann wieder auseinander.

159. Riesenschneeflocke

Als Untersetzer für Gebäck, Törtchen oder Pflanztöpfe

Du brauchst:
- weißes Papier (DIN A3)
- Teller
- Bleistift
- Schere

Und so wird's gemacht:
1. Lege den Teller auf das Papier und umfahre ihn mit einem Bleistift. Schneide den Kreis aus.
2. Falte den Kreis so wie einen Papierstern (s. Bastelidee Nr. 158) zu einem schmalen Dreieck.
3. Schneide an den Seiten des Dreiecks kleine oder größere Ecken heraus und falte es dann wieder auseinander.

Extra-Tipp:
Klebe unter die Riesenschneeflocke Alufolie oder hellblaues Transparent- oder Tonpapier. Natürlich kannst du es auch mit Glitzersternchen bekleben.

160. Winterkästchen

SCHÖNES GESCHENK

Für Schmuck oder Stifte

Du brauchst:
- leere Zigarrenschachtel mit Klappdeckel
- weiße Plakafarbe (oder matte Lackfarbe)
- Pinsel
- Alufolie
- Erlen- oder kleine Kiefernzapfen
- Klebstoff (extrastark)
- Sprühdose mit Kunstschnee

Und so wird's gemacht:
1. Male die Schachtel außen mit weißer Plakafarbe an.
2. Beklebe das Kästchen innen und auf der Deckelinnenseite mit Alufolie.
3. Klebe auf die vordere Mitte des Deckels Erlen oder kleine Kiefernzapfen als Griff. Lass den Klebstoff über Nacht aushärten.
4. Lass den Deckel vor allem im Bereich des Griffs mit Kunstschnee besprühen. Vorsicht! Anleitung auf der Dose beachten, nicht in die Augen sprühen und nicht einatmen! Am besten bei offenem Fenster arbeiten!

161. Schneekatze

Für Bonbons

Du brauchst:
- kleines rundliches Marmeladenglas mit Schraubverschluss
- Pappe
- Schere
- Klebeband
- lufttrocknende Modelliermasse
- 2 Perlen (oder Bastelaugen)
- Plakafarbe (weiß, rosa oder grau)
- Pinsel

Und so wird's gemacht:
1. Schneide aus Pappe zwei Dreiecke als Katzenohren zu und befestige sie mit Klebeband auf dem Schraubdeckel (die Ohren sollten zusammen so breit sein wie der Deckel).
2. Schraube den Deckel auf das Glas, forme auf ihm mit der Modelliermasse einen Katzenkopf und setze ihm Perlen bzw. Bastelaugen ein (s. Abbildung).
3. Forme auf dem Glas mit Modelliermasse einen sitzenden Katzenkörper. Achte darauf, dass sich der Deckel noch öffnen lässt und schneide ringsum am Deckelrand einen Spalt ein.
4. Lass die Masse durchtrocknen und bemale die Katze dann mit weißer Plakafarbe. Das Schnäuzchen und die Ohreninnenflächen kannst du rosa oder hellgrau ausmalen.

162. Winterbrief

für Einladungen oder liebe Grüße

Du brauchst:

- hellblaue Briefumschläge
- passendes hellblaues Briefpapier
- weißes Papier
- Bleistift
- Schere
- weißen Fineliner (deckend)
- Glas (mit großem Durchmesser)

Und so wird's gemacht:

1. Falte das Briefpapier auf die Hälfte zusammen. Lege das Glas auf das gefaltete Papier, sodass es den Falz berührt, und umfahre es mit einem Bleistift. Schneide den Kreis nicht ganz, sondern so aus, dass er an einer ca. 2 cm langen Stelle noch mit dem Falz in Verbindung bleibt und aufgeklappt ein Doppelkreis entsteht (s. Abbildung).
2. Lege das Glas auf das weiße Papier, umfahre es mit dem Bleistift und schneide den Kreis ganz aus.
3. Falte den Kreis so wie einen Papierstern (s. Bastelidee 158) zu einem schmalen Tortenstück.
4. Schneide an den Seiten des Tortenstücks kleine oder größere Ecken heraus und falte es dann wieder auseinander, sodass eine Art Schneeflocke entsteht.
5. Klebe die Schneeflocke auf die Vorderseite der kreisförmigen Klappkarte und beschrifte die Innenseite mit weißem, deckendem Fineliner.

163. Winterplatzkarte

winterliche Tischdekoration

Du brauchst:

- Knete
- Kiefernzapfen
- dunkelgrüne Plakafarbe
- Pinsel
- Tonkarton
- Filzstift
- Zahnstocher
- Klebeband
- Sprühdose Kunstschnee

Und so wird's gemacht:

1. Schneide aus Tonkarton ca. 4 x 7 cm große Rechtecke oder Sterne aus und beschrifte sie mit den Namen deiner Gäste.
2. Klebe das Kärtchen mit Klebeband auf die Spitze eines Zahnstochers.
3. Bemale die Kiefernzapfen mit dunkelgrüner Plakafarbe und lass sie nach dem Trocknen von einem Erwachsenen mit Kunstschnee besprühen. Vorsicht! Anleitung auf der Dose beachten, nicht in die Augen sprühen und nicht einatmen! Am besten bei offenem Fenster arbeiten!
4. Forme aus Knete Kugeln, drücke sie flach und verwende sie als Sockel für deine Tannenbäumchen. Stecke in einige die Platzkärtchen ein.

164. Schneemann

Fensterschmuck

Du brauchst:
- weißen Fotokarton
- schwarzen Fotokarton
- kleines, mittleres und großes Glas
- Bleistift
- 2 rote Perlen
- schwarzen Filzstift
- Faden
- Klebeband
- Klebstoff

Und so wird's gemacht:
1. Lege jedes Glas zweimal auf das weiße Papier, umfahre es mit dem Bleistift und schneide die Kreise aus. Nun hast du zwei kleine, zwei mittlere und zwei große Kreise.
2. Ordne die Kreise zu einem Schneemann.
3. Lege auf den Schneemann einen langen Faden und klebe darauf von jedem Kreis das Gegenstück auf.
4. Zeichne auf schwarzem Papier die Umrisse eines Hutes und schneide ihn aus. Verwende ihn als Schablone für den zweiten Hut.
5. Klebe die beiden Hüte auf den Kopf mit dem Faden dazwischen.
6. Male dem Schneemann auf beiden Seiten mit schwarzem Filzstift Augen, Mund und Knöpfe.
7. Klebe dem Schneemann als Nase auf jeder Seite eine rote Perle an und hänge den Faden mit Klebeband ans Fenster.

165. Schneebild

für die Wand

Du brauchst:
- farbigen Tonkarton (z.B. hellblau)
- Wasser- oder Fingerfarben
- Pinsel
- weiße Watte
- Klebstoff
- Locher
- weißen Wollfaden (ca. 15 cm)
- Schere

Und so wird's gemacht:
1. Male auf das Tonpapier mit Finger- oder Wasserfarben eine Winterlandschaft, ein Haus oder einen Schneemann.
2. Tupfe als Schneeflocken Klebstoffpunkte auf den Himmel und lege Wattekügelchen darauf. Wenn du ein Haus gemalt hast, beklebe auch das Dach und die Fensterbretter mit Wattestreifen.
3. Bringe oben in der Mitte deines Bildes zwei nebeneinander liegende Löcher an, ziehe den Wollfaden durch und verknote ihn. Nun kannst du das Bild aufhängen!

166. Vanilleeis

ERWACHSENENHILFE ERFORDERLICH

Dessert für vier bis sechs Personen

Du brauchst:
- 200 g Sahne
- 200 ml Milch
- 1 Vanilleschote
- 2–3 Esslöffel Zucker
- 4–5 frische Eigelb
- Topf
- Schneebesen
- kleines Messer
- Metallschüssel

Und so wird's gemacht:
1. Gieße Milch und Sahne in einen Topf.
2. Schneide die Vanilleschote längs auf, kratze das Mark aus, gib es zu der Milch-Sahne-Mischung und lass alles unter Aufsicht eines Erwachsenen aufkochen.
3. Rühre den Zucker und, sobald er aufgelöst ist, das Eigelb ein.
4. Nimm den Topf vom Herd und lass die Masse abkühlen.
5. Fülle die abgekühlte Masse in eine Metallschüssel und stelle sie abgedeckt bei Minustemperaturen auf den Balkon oder ins Gefrierfach. Damit keine Eiskristalle entstehen, muss das Eis während des Gefrierens immer wieder mit dem Schneebesen aufgeschlagen werden.
6. Forme das Eis mit einem Kugelausstecher, richte es in Dessertschälchen an und serviere dazu heiße Himbeeren oder Rote Grütze.

167. Heiße Himbeeren

Zum Vanilleeis

ERWACHSENENHILFE ERFORDERLICH

Du brauchst:
- 1 Tiefkühlpackung Himbeeren
- Topf
- evtl. etwas Zucker

Und so wird's gemacht:
Gib die Himbeeren in einen Topf und erhitze sie kurz. Süße sie bei Bedarf mit Zucker und serviere die Himbeeren mit Vanilleeis.

168. Kaiserschmarrn

ERWACHSENENHILFE ERFORDERLICH

Dessert für eine Person

Du brauchst:
- 3 Esslöffel Mehl
- 3 Eier
- Prise Salz
- Päckchen Vanillezucker
- einen Schuss Mineralwasser
- Butter
- Esslöffel Zimtzucker (oder Puderzucker)
- 4 Esslöffel Apfelmus
- elektrisches Rührgerät
- Backschüssel
- beschichtete Pfanne

Und so wird's gemacht:
1. Verrühre Eier, Mehl, Salz, Vanillezucker und Mineralwasser mit dem elektrischen Rührgerät in einer Backschüssel zu einem halbfesten Pfannkuchenteig.
2. Erhitze (bei Anwesenheit eines Erwachsenen) Butter in einer beschichteten Pfanne, fülle den Teig ein und lass ihn von beiden Seiten goldgelb anbraten.
3. Verteile den Kaiserschmarrn auf einem Teller, teile ihn in kleine Stücke, bestreue ihn mit Zimt- oder Puderzucker und serviere ihn mit Apfelmus.

169. Kinderglühwein

ERWACHSENENHILFE ERFORDERLICH

Zum Aufwärmen an kalten Wintertagen

Du brauchst:
- Orange (unbehandelt)
- Zitrone (unbehandelt)
- 10 Gewürznelken (ganz)
- 1 1/2 l Apfelsaft
- 3 Zimtstangen
- 50 g Zucker
- Messer
- Topf

Und so wird's gemacht:
1. Schneide die geschälten Früchte in feine, dünne Scheiben.
2. Gieße den Apfelsaft in einen Topf, füge die Orangen- und Zitronenscheiben, Zucker, Zimtstangen und Nelken zu und bringe alles bei mittlerer Hitze zum Sieden, lass es aber nicht kochen.
3. Schalte auf niedrige Hitze um und lass den Glühwein noch etwa 5 Minuten ziehen.
4. Bitte einen Erwachsenen, den Glühwein heiß durch ein Sieb in feuerfeste Gläser zu gießen.

170. Papierplätzchen

Adventsschmuck für Fenster und Tannenbaum

Du brauchst:
- braunes Tonpapier oder braunen Fotokarton
- Wasser- oder Plakafarben
- Pinsel
- Deckweiß
- Klebstoff
- Zucker- und Schokostreusel (Reste)
- Backförmchen zum Ausstechen
- Bleistift
- Schere

Und so wird's gemacht:
1. Lege die Backförmchen auf das Tonpapier, umfahre sie mit dem Bleistift und schneide „Papierplätzchen" aus.
2. Bemale die Papierplätzchen wie echte Weihnachtsplätzchen oder Lebkuchen (s. Abbildung). Verwende Deckweiß als Zuckerguss.
3. Beklebe die Papierplätzchen mit Schoko- oder bunten Zuckerstreuseln.
4. Bringe an jedem Plätzchen oben ein Loch an (mit Locher oder Schere), ziehe einen Faden oder ein Geschenkband durch und hänge die Plätzchen an Zweigen oder am Fenster auf.

171. Nikolaus-Männchen

Adventsdekoration

SCHÖNES GESCHENK

Du brauchst:
- Apfel
- Walnuss
- 1 Zahnstocher
- rote Serviette (oder Filz oder Krepppapier)
- Watte
- Schere
- Klebstoff
- schwarzen Filzstift

Und so wird's gemacht:
1. Stecke den Zahnstocher in den Apfel und bitte einen Erwachsenen, auf diesen eine Walnuss zu setzen.
2. Schneide dem Nikolaus aus einer roten Serviette (oder Krepppapier oder Filz) einen Umhang, lege ihn um den Apfel und klebe ihn vorne fest.
3. Schneide einen Halbkreis aus der Serviette aus, falte ihn zu einer Zipfelmütze, klebe die Naht fest und die Mütze auf die Walnuss.
4. Male dem Nikolaus ein Gesicht und klebe ihm einen Wattebart und Watteaugenbrauen an.

172. Zapfenrakete

SCHNELL GEMACHT

Adventsschmuck

Du brauchst:
- Tannen- oder Kiefernzapfen
- dünne Gold- und Silberkordeln (Geschenkband)
- Schere
- feinen Blumendraht
- Gold- und Silbersterne
- kleine Glaskugeln

Und so wird's gemacht:
1. Schneide mehrere ca. 20 cm lange Gold- oder Silberkordeln ab und befestige sie mit Blumendraht am unteren Ende des Tannen- oder Kiefernzapfens, sodass eine Art Schweif entsteht.
2. Klebe an die Kordeln Gold- oder Silbersterne oder befestige eine winzige Glaskugel.

Extra-Tipp:
Neben einer Kerze drapiert sieht der Zapfen ganz weihnachtlich aus. Verpackt in einer Tüte Klarsichtfolie ist er ein tolles Advents-Mitbringsel.

173. Moosbäumchen

SCHÖNES GESCHENK

Zur Weihnachtsdekoration

Du brauchst:
- Pappe (DIN A4)
- Schere
- Klebstoff
- getrocknetes Moos
- evtl. Gold- und Silbersterne

Und so wird's gemacht:
1. Zeichne mit Bleistift die Umrisse eines vereinfachten Tannenbäumchens (s. Abbildung) auf die Pappe.
2. Schneide das Tannenbäumchen aus.
3. Klebe Moos darauf und befestige Gold- und Silbersterne daran.

Extra-Tipp:
Mit Moos kannst du auch Bilderrahmen aus Pappe, Pappteller, Blumentöpfe oder Styroporkugeln bekleben. Dekoriere deine Bastelstücke mit Gold- und Silbersternen. Verpacke deine Moos-Kunstwerke, Christbaumkugeln oder andere kleine Geschenke in einer Klarsichttüte und verschnüre sie mit Geschenkband.

174. Tannenbaumstempel

Zum Drucken

Du brauchst:
- Ausstechform (Tannenbaum)
- große rohe Kartoffel
- grüne Plakafarbe
- Pinsel
- Messer

Und so wird's gemacht:
1. Halbiere die Kartoffel der Länge nach und drücke die Ausstechform fest in die Schnittfläche der einen Kartoffelhälfte.
2. Schneide die Kartoffel rundherum weg.
3. Streiche den Kartoffelstempel dick mit Plakafarbe ein und bedrucke damit Papier, Weihnachtskarten oder Geschenkanhänger.

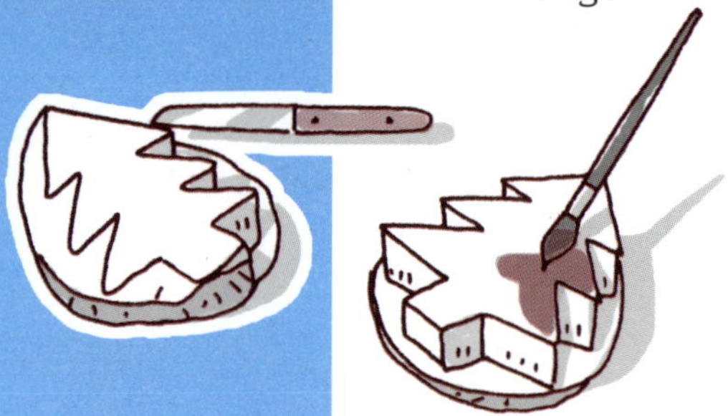

Extra-Tipp:
Statt Tannenbaumstempeln kannst du natürlich auch Sternen-, Apfel- oder Herzstempel herstellen.

175. Weihnachtsengel

Zum Drucken

Du brauchst:
- Tonpapier
- Fingerfarben
- Pinsel
- goldenen Stern (Aufkleber)

Und so wird's gemacht:
1. Bemale deine Handfläche mit Fingerfarbe (z.B. rosa) und drücke sie als Engelsgewand auf das Tonpapier. Wasch dir die Hände.
2. Bemale beide Hände in einer Flügelfarbe (z.B. weiß) und drücke deine Handflächen in Flügelform beiderseits des Gewands. Wasch dir die Hände.
3. Male dem Engel mit dem Pinsel ein Gesicht und Engelshaare. Lass die Farbe trocknen.
4. Klebe dem Engel einen Stern ins Haar.

Extra-Tipp:
Du kannst den Engel ausschneiden und an einer Schnur aufhängen. Oder das Bild auf einen Papprahmen kleben und mit Goldsternen verzieren.

176. Adventskalenderbox

Für Freunde und Geschwister

Du brauchst:

- 24 leere Streichholzschachteln
- 24 Briefklammern
- Filzstifte
- Goldstift
- Nagel
- Klebstoff
- Bunt- oder weihnachtliches Geschenkpapier
- kleine Figürchen, Sticker, Schmuck, Süßigkeiten oder Gutscheine
- Schere

Und so wird's gemacht:

1. Nimm die Schubladen aus den Schachteln heraus.
2. Stelle immer sechs Außenschachteln aufeinander und klebe sie fest.
3. Stelle die vier Sechsertürme nebeneinander und klebe sie fest.
4. Schneide aus Bunt- oder Geschenkpapier einen Streifen ab, der deine Kommode ganz umhüllt. Klebe ihn fest.
5. Bohre mit dem Nagel ein Loch in die Vorderseite jeder Schublade und befestige darin eine Briefklammer als Griff.
6. Bemale die Vorderseite der Schublade mit Filzstiften und schreibe mit einem Goldstift auf jede Schublade eine Zahl zwischen 1 und 24.
7. Lege in jede Schublade eine kleine Überraschung (z.B. ein kleines Figürchen, einen Sticker, Schmuck, Süßigkeiten oder Gutscheine).
8. Setze die Schubladen wieder ein.

177. Adventskalenderschnur

Für Freunde und Geschwister

Du brauchst:

- rotes Krepppapier
- weißes Geschenkband
- schwarzen Filzstift
- weißes Papier
- Bindfaden
- Nägel
- dunkelgrünes Tonpapier (2 Bögen)
- kleine Figürchen, Sticker, Schmuck, Süßigkeiten oder Gutscheine
- Schere
- Klebstoff
- evtl. 24 Wäscheklammern

Und so wird's gemacht:

1. Schneide aus Krepppapier 24 Quadrate, ca. 15 x 15 cm oder größer, je nach Größe deiner Geschenke.
2. Schneide aus weißem Papier 24 ca. 3 x 3 cm große Quadrate aus und schreibe auf jedes eine Zahl von 1 bis 24.
3. Lege in jedes Krepppapierquadrat ein Geschenk, verschnüre es wie ein Bündel und verknote es mit einem Stück Geschenkband.
4. Klebe auf jedes Bündel eine Zahl zwischen 1 und 24.
5. Zeichne mit Bleistift die Umrisse eines Tannenbaums auf das grüne Tonpapier und schneide es aus. Schneide noch ein weiteres Tannenbäumchen aus und bitte einen Erwachsenen, beide im Abstand von ca. 1 bis 1,50 m an die Wand zu nageln.
6. Schneide einen ca. 1 bis 1,50 m langen Bindfaden ab, knote an jedem Ende eine Schlaufe und hänge die Schnur zwischen den beiden Tannenbäumen an zwei Nägeln an der Wand auf. Binde an die Schnur die Geschenksäckchen oder klippe sie mit Wäscheklammern fest.

178. Orangenduft

Adventsdekoration

Du brauchst:
- Orangen
- schöne Schale
- Tannenzweige
- Gewürznelken

Und so wird's gemacht:
1. Stecke in die Orangenschalen Nelken, entweder getüpfelt (kreuz und quer) oder in Form von Tüpfelreihen oder Tüpfelmustern (s. Abbildung).
2. Kleide die Schale mit Tannenzweigen aus und lege die mit Nelken gespickten Orangen drauf. Nun hast du Weihnachtsduft im Zimmer!

179. Goldstern

SCHÖNES GESCHENK

Weihnachtsdekoration

Du brauchst:
- Gold- oder Geschenkpapier
- Pappe
- Klebstoff
- Bleistift
- Lineal

Und so wird's gemacht:
1. Zeichne mit Bleistift und Lineal einen großen Stern auf die Pappe und schneide ihn aus. Lass dir evtl. von einem Erwachsenen dabei helfen.
2. Lege den Stern als Schablone auf das Goldpapier, umfahre ihn mit dem Bleistift und schneide ihn aus.
3. Klebe den Gold- auf den Pappstern und streiche ihn glatt.

180. Hampelengel

Weihnachtsdekoration

Du brauchst:
- weiße Pappe
- Wasser- oder Plakafarben
- Filzstift
- Bleistift
- Pinsel
- kleinen Goldstern
- Watte oder Engelshaar
- Schere
- 4 goldene Briefklammern
- Schnur (ca. 30 cm)
- Perle
- Klebstoff
- Schere
- Locher

Und so wird's gemacht:
1. Zeichne mit dem Bleistift die Umrisse von Kopf, Gewand und Flügel eines Engels auf die weiße Pappe und schneide alles aus.
2. Zeichne Arme und Beine auf die weiße Pappe und schneide die einzelnen Teile aus.
3. Bemale Gesicht, Flügel und Gewand deines Engels mit Plakafarben.
4. Klebe Watte oder Engelshaar auf den Kopf deines Engels, damit er eine engelhafte Frisur bekommt. Schmücke sein Haar mit einem aufgeklebten Goldstern.
5. Stanze mit dem Locher oder mit der Schere Löcher für die Briefumschlag-Klammern an beiden Armen, Beinen und am Engelskörper.
6. Setze die einzelnen Teile des Engelskörpers so zusammen wie in der Abbildung gezeigt und verbinde sie mit Klammern und Fäden.
7. Knote an das Ende der Zugschnur (s. Abbildung) eine Perle.

181. Salzteig-Obst

Salzteigfiguren für den Kaufladen oder die Puppenstube

ERWACHSENENHILFE ERFORDERLICH

Du brauchst:
- Backschüssel
- 300 g Mehl
- 300 g Salz
- 200 ml Wasser
- Esslöffel Pflanzenöl
- Zahnstocher
- Plakafarben
- 2 Pinsel
- Zaponlack

Und so wird's gemacht:
1. Bitte einen Erwachsenen, den Backofen auf 180 °C vorzuheizen (Gas: Stufe 4).
2. Verrühre in einer Backschüssel Mehl, Salz, Öl und Wasser zu einem weichen Teig (bei Bedarf noch Wasser hinzufügen).
3. Bestreue eine saubere Tischplatte mit Mehl. Knete darauf den Teig, bis er gut formbar ist.
4. Forme aus dem Teig Obst, Gemüse, Brot, Brezeln, Würstchen und Fleisch im Mini-Format. Mit einem Zahnstocher kannst du noch Löcher einstoßen.
5. Lege dein Obst und Gemüse auf ein mit Backpapier ausgelegtes Backblech und schiebe es in den Backofen. Nach ca. 20 Minuten sind die Figürchen fertig. Lass sie abkühlen.
6. Bemale die abgekühlten Figürchen mit Plakafarben.
7. Lass sie zum Schluss von einem Erwachsenen mit Zaponlack lackieren.

182. Wichtelkalender

Für Freunde und Geschwister

Du brauchst:
- 24 leere Streichholzschachteln
- Buntpapier
- Krepppapier
- Klebstoff
- dickes Stickgarn
- 24 Perlen
- Stopfnadel
- Wasserfarbe mit Deckweiß
- Pinsel
- Watte
- Filzstift
- kleine Figürchen, Sticker, Schmuck, Süßigkeiten oder Gutscheine
- Schnur

Und so wird's gemacht:
1. Nimm die Schubladen aus den Schachteln heraus.
2. Nähe vorn an die Schmalseite der Innenschachtel mit Stickgarn eine Perle an, die an einem langen Faden hängt (s. Abbildung).
3. Bemale das obere Drittel der Außenschachtel mit Plakafarbe. Mische dazu mit Deckweiß einen hellen Hautton.
4. Schneide aus Buntpapier Schuhe aus und klebe sie an den unteren Teil der Außenschachtel.
5. Schneide aus Buntpapier Streifen aus und klebe sie als Mantel um das mittlere Teil der Außenschachtel.
6. Schneide aus Krepppapier Rechtecke aus, wickle sie zur Mütze und binde ein Stück Stickgarn herum, an dem du die Zipfelmütze aufhängen kannst. Klebe die Mütze auf den Kopf des Wichtels.
7. Male jedem Wichtel mit Filzstift ein Gesicht und klebe ihm einen Wattebart an. Schreibe auf das Gewand eine Zahl zwischen 1 und 24.
8. Schneide aus Buntpapier kleine Handschuhe aus und klebe sie rechts und links neben die Zahl.
9. Lege in jede Schublade eine kleine Überraschung (z.B. ein kleines Figürchen, einen Sticker, Schmuck, Süßigkeiten oder Gutscheine).
10. Schiebe die Innenschachteln wieder in die Außenschachteln und hänge die Wichtel an eine Schnur oder nagele sie an die Wand, an ein Regal oder an eine Holzleiste.

183. Fensterengel

Weihnachtsdekoration

Du brauchst:
- Tortendeckchen oder weißes Papier
- Bunt- oder Tonpapier
- Transparentpapier
- Schere
- Filzstifte
- Kleister oder Klebeband

Und so wird's gemacht:
1. Schneide aus einem Tortendeckchen ein Engelsgewand aus (wenn du kein Tortendeckchen hast, kannst du dir ein Spitzenkleid basteln, indem du weißes Papier zu einer Ziehharmonika faltest, seitlich mit der Schere einschneidest und wieder auffaltest).
2. Schneide dem Engel aus Tonpapier einen Kopf, klebe ihm Haare aus Transparentpapier an und male ihm mit Filzstiften ein Gesicht. Klebe den Kopf an das Engelsgewand.
3. Schneide aus Transparentpapier Flügel aus und klebe sie hinten an das Engelsgewand. Falls dein Engel noch Beine haben soll, schneide sie aus Buntpapier aus, klebe sie an und lass sie unter seinem Rock herausgucken.
4. Klebe einen oder mehrere Engel mit Kleistertupfer oder mit durchsichtigem Klebeband an dein Fenster. So kann man den Engel nach Weihnachten leicht wieder ablösen.

184. Gold-Girlande

Weihnachtsdekoration

SCHNELL GEMACHT

Du brauchst:
- Goldpapier
- Schere
- Klebstoff

Und so wird's gemacht:
1. Schneide aus Goldpapier lange, ca. 2 cm breite Streifen aus. Schneide die Streifen in ca. 8 cm lange Stücke.
2. Forme aus einem Streifen einen Kreis und klebe die überlappenden Stellen zusammen.
3. Stecke einen weiteren Streifen in den Kreis, klebe die überlappenden Stellen wieder zusammen und bastle so eine Kettengirlande in gewünschter Länge.

185. Sternenvorhang

Weihnachtsdekoration

Du brauchst:
- Bunt- oder Transparentpapier
- Schere
- Klebeband
- Bleistift
- Lineal

Und so wird's gemacht:
1. Schneide einen 9,5 cm breiten und beliebig langen Streifen Bunt- oder Transparentpapier aus.
2. Falte den Streifen alle 9,5 cm zur Ziehharmonika.
3. Zeichne mit Bleistift auf die oberste Seite der Ziehharmonika einen Stern (s. Abbildung) und schneide ihn aus. Lass aber an der letzten Zacke einen Steg stehen, damit die Sternenkette nach dem Auseinanderfalten zusammenhält (s. Abb.).
4. Befestige die Papierkette mit Klebeband am Fenster.

186. Sternenlichter

Weihnachtsdekoration

Du brauchst:
- 4 Teelichter
- Pappe oder Fotokarton
- Schere
- Alufolie oder Goldpapier
- Klebstoff
- Bleistift

Und so wird's gemacht:
1. Zeichne mit Bleistift einen Stern auf die Pappe und schneide ihn aus. Insgesamt brauchst du vier Sterne.
2. Beklebe die Pappsterne mit Alufolie oder Goldpapier.
3. Klebe auf jeden Stern ein Teelicht.

187. Sternanhänger

Weihnachtsdekoration

Du brauchst:
- Pappe oder Fotokarton
- Schere
- Goldfarbe
- Pinsel
- Bleistift
- Locher
- Goldkordel oder Geschenkband

Und so wird's gemacht:
1. Zeichne mit Bleistift einen Stern auf die Pappe und schneide ihn aus.
2. Loche den Stern an einer Zacke.
3. Bemale den Stern mit Goldfarbe und ziehe nach dem Trocknen ein Goldband durch das Loch.

188. Weihnachtspinnwand

Weihnachtsdekoration

ERWACHSENENHILFE ERFORDERLICH

Du brauchst:
- Goldpapier
- Schere
- Klebstoff

Und so wird's gemacht:
1. Schneide aus Goldpapier lange, ca. 2 cm breite Streifen aus. Schneide die Streifen in ca. 8 cm lange Stücke.
2. Forme aus einem Streifen einen Kreis und klebe die überlappenden Stellen zusammen.
3. Stecke einen weiteren Streifen in den Kreis, klebe die überlappenden Stellen wieder zusammen und bastle so eine Kettengirlande in gewünschter Länge.

189. Weihnachtskerze

Weihnachtsdekoration

Du brauchst:
- schönen einfarbigen Übertopf
- passende Kerze
- Kiefernzapfen
- Hagebutten
- Mini-Glaskugeln
- Schleierkraut (Blumenladen)
- Alufolie

Und so wird's gemacht:
1. Stelle die Kerze in den Topf und stopfe rundum Alufolie hinein, bis die Kerze stabil steht.
2. Lege auf die Alufolie rund um die Kerze Schleierkraut, Kiefernzapfen, Glaskugeln und Hagebutten. Achte darauf, dass nichts verrutscht!

Extra-Tipp:
Natürlich kannst du die Kerze auch mit Tannenzweigen statt mit Schleierkraut schmücken. Wenn du keinen Übertopf hast, kannst du auch einen alten Tontopf bemalen.

190. Streichholzfoto

Für alle netten Leute

Du brauchst:
- 4 Fotos von dir (dein Gesicht sollte in der Größe gut auf eine Streichholzschachtel passen).
- einfarbiges Tonpapier
- 4 volle Streichholzschachteln
- Schere
- Klebstoff
- Filzstift (Fineliner)
- Klarsichtfolie

Und so wird's gemacht:
1. Beklebe eine Seite jeder Streichholzschachtel mit einem Foto von dir.
2. Beklebe die Rückseite mit einfarbigem Tonpapier.
3. Lege die vier Streichholzschachteln zu einem Rechteck und wickle sie in Klarsichtfolie.

Extra-Tipp:
Wenn dein Taschengeld reicht, verschenke dazu noch eine schöne Kerze.

191. Spitzer

Für die ganze Familie

Du brauchst:
- Spitzerdöschen
- lufttrocknende Modelliermasse
- Plakafarben
- Pinsel
- Zaponlack

Und so wird's gemacht:
1. Bedecke den Spitzer mit Modelliermasse und forme eine Figur (s. Abbildung). Achte darauf, dass die Schnittflächen nicht verschmiert werden! Lass das Material aushärten.
2. Bemale den Spitzer mit Plakafarben und lackiere ihn nach dem Trocknen mit Zaponlack.

192. Schnurhalter

Für Ordnung im Zimmer

Du brauchst:
- Pappbecher (Partybecher)
- Pappe
- Bleistift
- Lackfarbe (umweltfreundlich, wasserlöslich)
- Pinsel
- Tonpapier
- Schere
- 2 Perlen
- Klebstoff
- Kräuselband

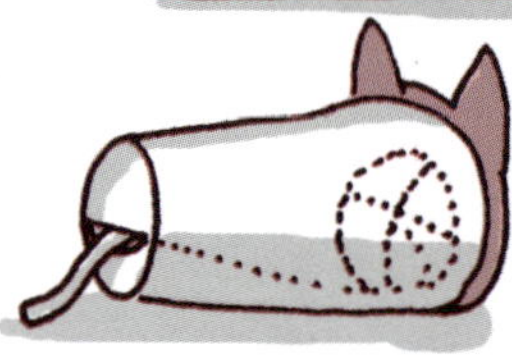

Und so wird's gemacht:
1. Lege den Pappbecher mit der Öffnung nach unten auf die Pappe und umfahre ihn mit einem Bleistift.
2. Male dem Kreis Ohren (in Schweine-, Maus-, Katzen-, Hasen- oder Hundeform) und schneide den ganzen Kopf aus.
3. Schneide eine Mundöffnung in den Becherboden. Lass dir von einem Erwachsenen dabei helfen.
4. Lege ein Knäuel Geschenkband in die Schnauze und ziehe ein Ende durch die Mundöffnung heraus.
5. Klebe den Becher als Schnauze auf das Pappgesicht und bemale es mit Plakafarben.
6. Klebe dem Tier Perlen als Augen auf.

193. Topflappen

Für alle, die gern kochen

Du brauchst:
- 1 Paar Fertig-Topflappen (einfarbig)
- Stoffmalfarbe in zwei Farben
- Pinsel
- Bügeleisen

Und so wird's gemacht:
1. Bemale den Fertig-Topflappen mit einem einfachen Motiv (z. B. mit einem Apfel oder mit Mohrrübchen). Male zuerst mit einer Farbe und lass sie trocknen. Benutze dann erst die zweite Farbe.
2. Bitte einen Erwachsenen, die Topflappen von links zu bügeln und damit die Farbe zu fixieren.

194. Kräuterlöffel

SCHÖNES GESCHENK

Für alle, die gern kochen

Du brauchst:
- 1 oder mehrere Holzkochlöffel
- 1 Bund Kräuter, die gut trocknen (z.B. Thymian) oder Lorbeerblätter
- Pappe oder Tonkarton
- Bleistift
- Schere
- Filzstifte
- Klarsichtfolie
- Geschenkband

Und so wird's gemacht:
1. Zeichne auf die Pappe die Umrisse eines Weihnachtsmanns und schneide ihn aus.
2. Bemale den Weihnachtsmann mit Filzstiften und bringe an seinem Kopf ein Loch an.
3. Binde die Kräuter mit Geschenkband an dem Kochlöffel fest und befestige daran den Weihnachtsmann.
4. Packe das Geschenk in Transparentfolie ein.

195. Vogelbild

Du brauchst:
- Tonpapier oder Pappe (grau oder braun)
- Bleistift
- Filzstifte, Wasser- oder Wachsmalfarben
- Deckweiß oder Kunstschnee
- Vogelfutter (Rest)
- Klebstoff
- Locher (oder Schere)
- Bindfaden (ca. 15 cm)

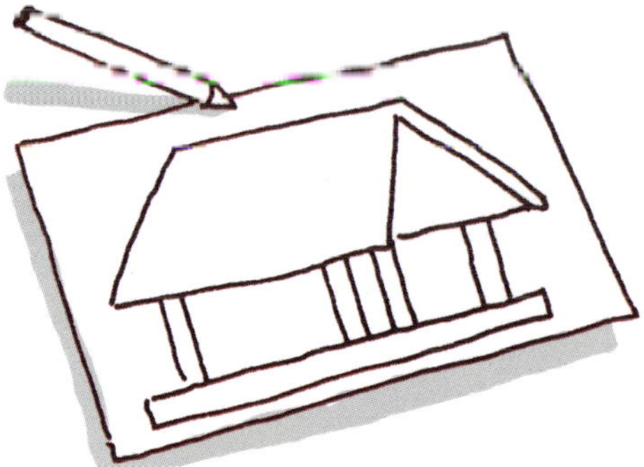

Und so wird's gemacht:
1. Zeichne mit Bleistift auf Tonpapier ein Vogelhäuschen oder eine Futterstelle und Vögel (s. Abbildung).
2. Male die Vögel und das Häuschen farbig an.
3. Male mit Deckweiß Schnee auf das Dach des Häuschens oder lass es (auf dem Balkon) von einem Erwachsenen mit Kunstschnee besprühen.
4. Streiche die Futterstelle (bzw. den Boden des Häuschens) dick mit Klebstoff ein und streue die Körner darauf. Lass den Klebstoff (am besten über Nacht) aushärten.
5. Bringe oben in der Mitte des Bildes mit dem Locher oder der Schere im Abstand von ca. 5 cm zwei Löcher an. Ziehe ein Stück Schnur duch die Löcher und verknote sie. Nun kannst du das Bild aufhängen!

196. Kräuterbad

Für schlaflose Erwachsene

Du brauchst:
- 250 g getrocknete Hopfenblüten (Apotheke)
- leeres Marmeladenglas mit Deckel
- Stoffrest
- Haushaltsgummi
- Tonpapier
- Schere
- Filzstift (Fineliner)
- Klebstoff
- Geschenkband

Und so wird's gemacht:
1. Fülle die Hopfenblüten in das Glas und schraube den Deckel zu.
2. Schneide aus Stoff ein Quadrat zu, das den Deckel umhüllt. Lege es auf den Deckel und fixiere es mit einem Haushaltsgummi.
3. Schneide aus Papier zwei Rechtecke zu.
4. Schreibe auf das eine in großer Schrift „Hopfenblüten", verziere es und klebe es als Etikett auf das Glas. Schreibe auf das andere die Anleitung für ein Hopfenbad: „100 g Hopfenblüten in heißem Wasser 15 Minuten kochen, den Sud abgießen und ins Badewasser geben. Hilft bei Schlafstörungen." Loche das Etikett, ziehe ein Geschenkband durch und knote es um den Deckel.

Extra-Tipp:
Natürlich kannst du im Glas auch getrocknete Küchenkräuter (z. B. Thymian, Oregano, Salbei, Estragon) oder Kräutertee (z.B. Kamille, Pfefferminze) verschenken.

197. Marzipankonfekt

Für alle Naschkatzen

Du brauchst:
- Marzipanrohmasse
- Puderzucker
- Lebensmittelfarbe (drei verschiedene Farben)
- Nudelholz (ersatzweise eine Flasche)
- Ausstechformen
- kandierte Früchte oder Nüsse

Und so wird's gemacht:
1. Vermische die Marzipanrohmasse mit Puderzucker.
2. Teile sie in drei Teile und färbe jeden in einer anderen Farbe.
3. Reibe das Nudelholz mit wenig Puderzucker ein und rolle jeden Marzipanteil auf einer sauberen Arbeitsfläche aus.
4. Steche mit den Förmchen Blumen, Sterne, Herzen, Schmetterlinge oder Fische aus.
5. Verziere sie mit Nüssen oder kandierten Früchten.
6. Forme aus den Resten kleine Figuren oder Obst für den Kaufladen.

198. Spitzenbild

SCHÖNES GESCHENK

Für Eltern und Großeltern

Du brauchst:
- rechteckiges Tortendeckchen
- Foto von dir oder selbstgemaltes Bild
- farblich dazu passendes Tonpapier
- Pappe
- Klebstoff
- Silber- oder Goldfarbe
- Bildaufhänger

Und so wird's gemacht:
1. Klebe das Tortendeckchen auf ein Stück Pappe in passender Größe.
2. Bemale die Ränder des Spitzendeckchens mit Gold- oder Silberfarbe und lass sie trocknen.
3. Schneide aus dem Tonpapier ein Rechteck aus, das etwas größer ist als das Bild bzw. Foto. Klebe das Foto darauf und dieses auf das Spitzendeckchen.
4. Befestige hinten oben in der Mitte auf der Pappe einen Bildaufhänger.

199. Glitzerspange

Für Schwestern und Freundinnen

Du brauchst:
- Haarspange aus Horn oder Plastik
- Klebstoff (extrastark)
- Pailletten, Glitzersternchen oder Strasssteinchen
- Schleierkraut (Blumenladen)
- Klarsichtfolie
- Geschenkband

Und so wird's gemacht:
1. Beklebe die Spange mit Pailletten, Glitzersternchen oder Strasssteinchen und lass den Klebstoff über Nacht aushärten.
2. Falte ein Stück Klarsichtfolie zu einem Bündel, gib etwas Schleierkraut und die Haarspange hinein und schnüre das Bündel mit Geschenkband zu.

200. Glitzerbrosche

Für Schwestern und Freundinnen

Du brauchst:
- festen Karton (2 mm dick)
- Schere oder Schneidemesser
- Bleistift
- Klebstoff (extrastark)
- Broschennadel
- Glitzerfolie
- Pailletten und Glitzersternchen

Und so wird's gemacht:
1. Zeichne auf den Karton den Anfangsbuchstaben der Beschenkten. Er sollte mindestens 5 cm groß sein.
2. Beklebe den Buchstaben mit Glitzerfolie, Pailletten und Glitzersternchen. Lass den Klebstoff über Nacht aushärten.
3. Klebe an dem Buchstaben hinten eine Broschennadel und lass den Klebstoff wieder aushärten.

201. Notizblock

Für alle netten Leute

Du brauchst:
- kleinen Notizblock
- Schere
- schöne Geschenkpapierreste oder Wellpappe
- Klebstoff

Und so wird's gemacht:
1. Lege den Block auf das Geschenkpapier und umfahre ihn. Schneide für Vorder- und Rückseite passende Flächen zu.
2. Beklebe Vorder- und Rückseite mit dem Papier (wenn du Wellpappe verwendest, beklebe nur die Vorderseite).
3. Schneide mögliche überstehende Ränder einfach ab.

Extra-Tipp
Ein aufgeklebtes Foto (oder ein selbstgemaltes Bild) auf der Vorderseite oder der Innenseite macht den Notizblock noch persönlicher!

202. Tolle Dosen

Für die ganze Familie

Du brauchst:
- Schere
- schönes Geschenkpapier
- Klebstoff
- leere runde Pappdose mit Deckel (z.B. leere Getreidekaffee- oder Gemüsebrühedosen)

Und so wird's gemacht:
1. Schneide einen Papierstreifen zu, der die Dose ganz umhüllt.
2. Klebe den Papierstreifen auf die Außenwand der Dose.
3. Schneide mögliche überstehende Ränder oben und unten ab.

Extra-Tipp:
Du kannst die Dose leer oder mit Bonbons oder Plätzchen gefüllt, mit oder ohne Deckel verschenken. Wenn du die Dose als Stiftebehälter für den Schreibtisch oder als Teedose verschenken willst, kaufe dazu noch einen Kugelschreiber oder Tee (dann erkennt der Beschenkte sofort den Verwendungszweck). Verpacke das Geschenk mit Klarsichtfolie und schmücke es mit einem Geschenkband und Goldsternchen. Geschenkanhänger nicht vergessen!

203. Küchenzierde

Zur Aufbewahrung

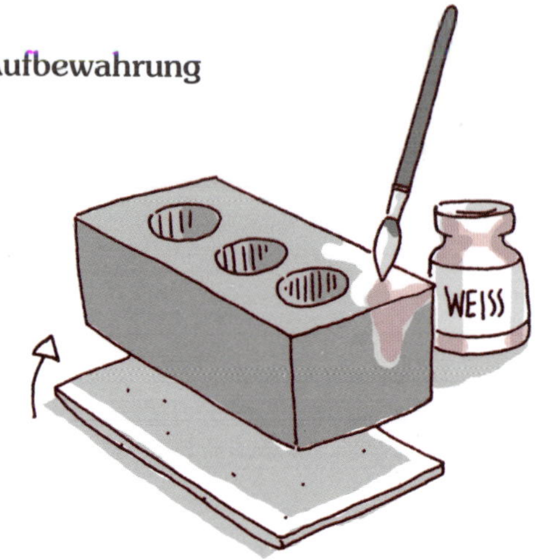

Du brauchst:
- Backstein mit Löchern (Baumarkt)
- Plakafarbe (mattweiß)
- Pinsel
- Filz
- Klebstoff
- Rührlöffel

Und so wird's gemacht:
1. Bemale den Backstein oben und an den Seiten mit weißer Plakafarbe.
2. Schneide einen Filzstreifen zu, der genauso groß ist wie die Unterseite des Backsteins und klebe ihn, wenn die Farbe trocken ist, unten fest.
3. Stecke zum Verschenken Rührlöffel in die Löcher.

204. Katzenvilla

Für Katzen und Katzenliebhaber

Du brauchst:

- Pappkarton
- Schere und Schneidemesser
- Bleistift
- Lineal
- Klebstoff
- Plakafarbe (mehrere Gläser)
- Zeitungspapier
- Kissen

Und so wird's gemacht:

1. Entferne von dem Pappkarton den Deckel und drehe ihn mit der Öffnung nach unten.
2. Zeichne mit Bleistift und Lineal an einer Kartonseite eine hausförmige Tür ein und schneide sie aus. Lass dir von einem Erwachsenen dabei helfen.
3. Schneide aus dem Deckel einen ca. 4 cm breiten Pappstreifen zu, der etwas länger ist als die Türbreite.
4. Klebe den Pappstreifen als Strebe an die Tür (s. Abbildung).
5. Breite auf dem (abwaschbaren) Boden Zeitungspapier aus und streiche das Katzenhaus dick mit Plakafarbe ein.
6. Lege ein Kissen oder eine Decke in das Katzenhaus, sobald die Farbe trocken ist.

Extra-Tipp:
Lege das Lieblingskissen deines Stubentigers, an dem sein Geruch haftet, in das Katzenhaus. Dann wird er dort gerne einziehen.

205. Supermappen

Zum Aufbewahren von Zeichnungen, Dokumenten oder Fotos

Du brauchst:
- Zeichenmappe mit schwarzem Leinenrücken
- schönes Geschenkpapier (z.B. Streifen)
- Schere
- Klebstoff

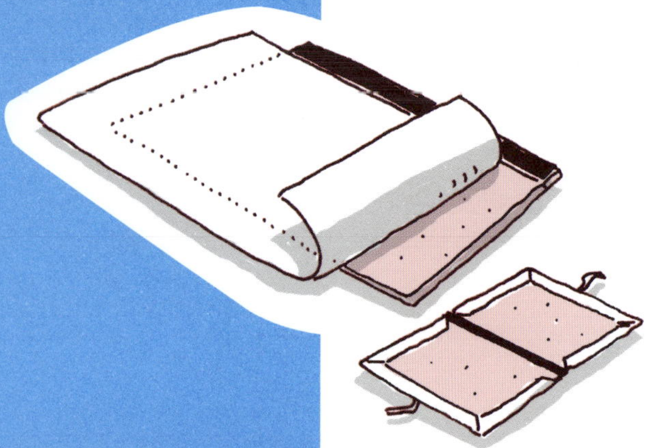

Und so wird's gemacht:
1. Schneide nach den Maßen der Zeichenmappe ein passendes Rechteck zu und klebe es so auf die Mappe, dass du die Außenkanten nach innen umschlagen und festkleben kannst.
2. Ritze vorsichtig kleine Schlitze für die Bindebänder (falls vorhanden) ein.

Extra-Tipp:
Verschenke die Mappe zusammen mit einem schönen selbstgemalten Bild (besonders geeignet für Mamas und Papas)!

206. Überraschungsauto

Für kleine Geschwister

Du brauchst:
- Fotokarton (rosa und schwarz)
- Mini-Karton (z.B. leere Smartie-Schachtel)
- Schere
- Buntpapier
- Bleistift
- kleines Glas
- Klebstoff

Und so wird's gemacht:
1. Zeichne die Umrisse eines Lieferwagens auf den rosa Fotokarton und schneide ihn aus. Benutze ihn als Schablone für einen zweiten Lieferwagen.
2. Lege das Glas auf das schwarze Tonpapier, umfahre es mit dem Bleistift und schneide den Kreis aus. Schneide so insgesamt vier Räder aus.
3. Klebe die Lieferwagenseiten beiderseits auf einen Minikarton (s. Abbildung) und klebe die Räder auf.
4. Schneide aus Buntpapier Fenster für das Auto aus und klebe sie auf.
5. Fülle die Schachtel mit einem kleinen Geschenk (z.B. mit einer Süßigkeit oder einer Plastikfigur).

BASTELIDEEN

207. Marmorpapier

Für Mamas und Papas

Du brauchst:
- alten Teller (als Farbpalette)
- Leinsamenöl
- dickes Papier (weiß oder einfarbig)
- Zeitungspapier
- große, flache Schale, gefüllt mit Wasser
- Pinsel
- Plakafarben (aus dem Glas)

Und so wird's gemacht:
1. Vermische auf dem Teller etwas Plakafarbe mit wenig Leinsamenöl.
2. Tauche den Pinsel in die Farb-Öl-Mischung und verteile sie vorsichtig im Wasser.
3. Mische dann die nächste Farbe, verteile auch sie im Wasser, sodass ein dekoratives, marmorartiges Muster entsteht.
4. Lege vorsichtig ein Blatt Papier auf die Wasseroberfläche. Hebe es dann langsam wieder vom Wasser ab, lege es auf eine glatte, mit Zeitungspapier bedeckte Fläche und lass es trocknen.
5. Schneide und falte aus dem Papier Umschläge oder verschenke es eingerollt in einer Geschenkbandschleife.

208. Watteglas

Für Mamas und große Schwestern

Du brauchst:
- Watte
- großes leeres Marmeladenglas mit Schraubdeckel
- Albumbildchen (z.B. Blumen)
- Klebstoff
- Klarsichtfolie

Und so wird's gemacht:
1. Beklebe den Deckel des Glases mit Albumbildchen. Klebe auch ein einzelnes Bild an die Wand des Glases.
2. Forme aus Watte Kugeln, die so groß sind wie ein Fertigpad, und fülle sie in das Glas.
3. Schraube das Glas zu, verpacke es wie ein Bonbon mit Klarsichtfolie und verschnüre es mit einem Geschenkband.

209. Papierkorb

Für die ganze Familie

Du brauchst:
- hohen Pappkarton (z.B. Weinkarton)
- schönes Geschenkpapier, in zwei Mustern, farblich aufeinander abgestimmt
- Schere
- Klebstoff

Und so wird's gemacht:
1. Schneide aus Geschenkpapier Rechtecke in den Maßen deines Kartons zu und beklebe zuerst die Innenseiten.
2. Schneide aus dem zweiten Geschenkpapier einen Streifen in den Maßen der Außenwände des Kartons zu und klebe ihn auf.

210. Zettelhalter

Für vergessliche Menschen

Du brauchst:
- Wäscheklammer aus Holz
- Klebstoff (extrastark)
- Schere
- Bleistift
- rosa Tonkarton

Und so wird's gemacht:
1. Zeichne auf Tonpapier die Umrisse eines Herzens und schneide es aus.
2. Klebe das Papierherz so auf die Wäscheklammer, dass das Zwickteil zwischen den Herzhälften liegt (s. Abbildung).
3. Klemme ein Stück Papier zwischen die Klammer, auf dem steht „Für (Name des Beschenkten)" oder „Nicht vergessen!".

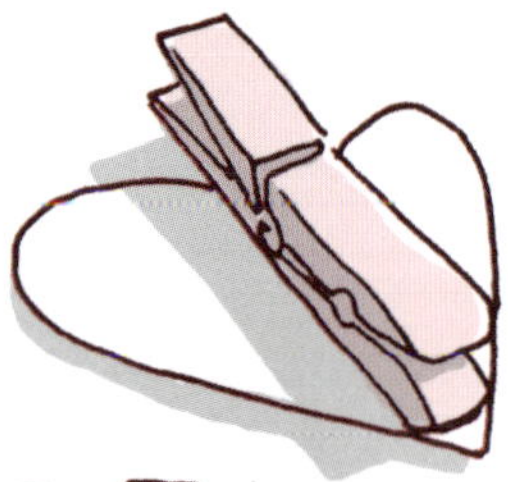

211. Nadelkissen

Für Mamas und Omas

Du brauchst:
- 2 Filzquadrate (ca. 15 x 15 cm)
- Papier
- farblich passende Nähseide
- Füllmaterial (Schaumstoff)
- winzige Glasperlen
- Schere
- Stecknadeln
- Nähnadel

Und so wird's gemacht:
1. Male ein schönes Herz auf Papier und schneide es aus.
2. Lege die beiden Filzquadrate mit der Außenseite aufeinander.
3. Stecke das Herz mit Stecknadeln auf die Stoffquadrate. Schneide den Stoff herzförmig aus, lass aber ungefähr 1 cm Rand stehen.
4. Fädle Nähgarn auf eine Nähnadel und nähe die beiden Herzen mit Steppstich bis auf einen 2 cm langen Spalt am Papierrand entlang zusammen.
5. Entferne das Papier und die Stecknadeln.
6. Stopfe Schaumstoff in das Filzherz, bis es prall gefüllt ist.
7. Nähe den Spalt mit Steppstich zu und nähe auf die Naht kleine Perlen.

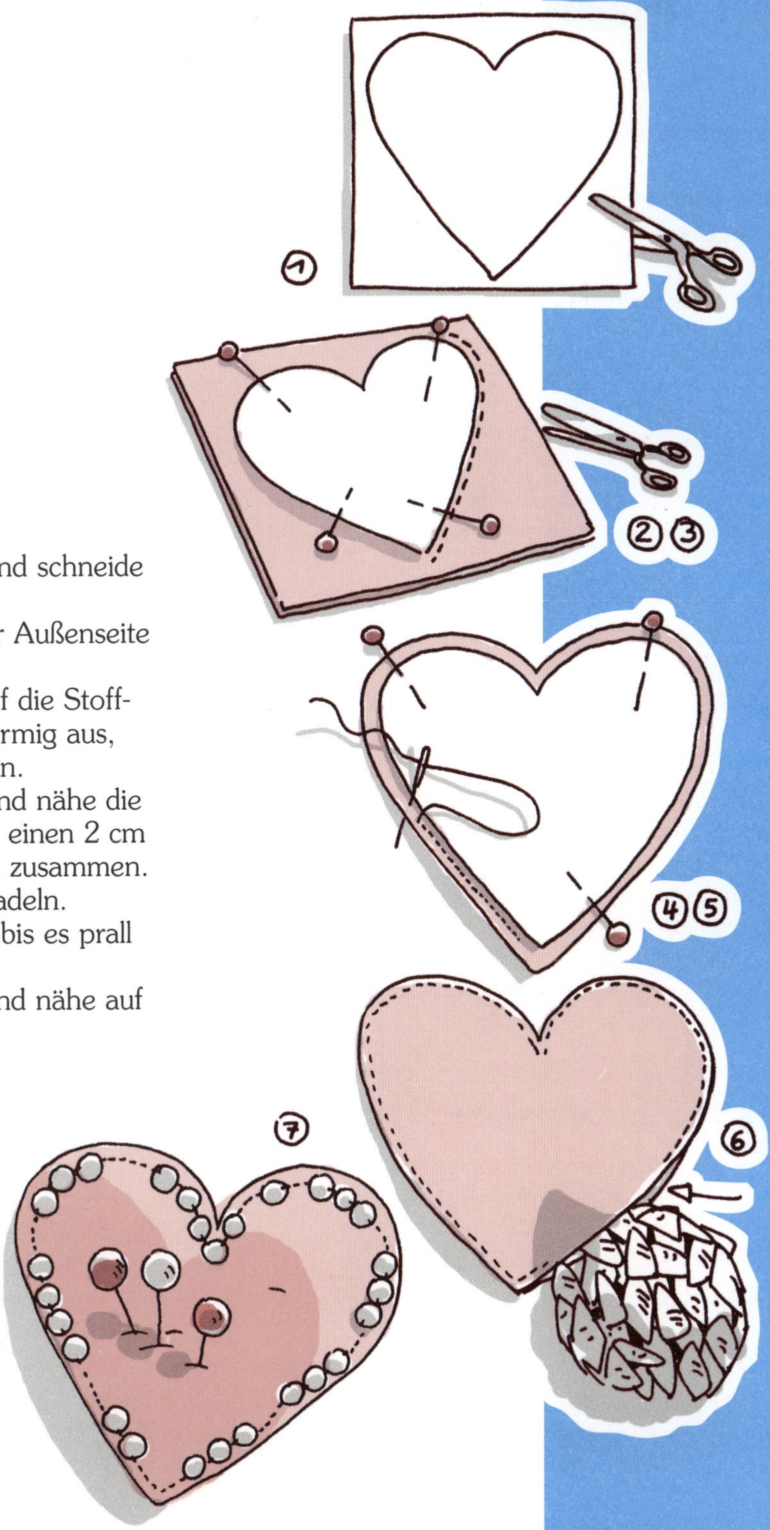

212. Filzbrosche

Für Schwestern und Freundinnen

Du brauchst:
- 2 Filzquadrate (ca. 5 x 5 cm)
- Papier
- farblich passende Nähseide
- Wollfäden
- winzige Glasperlen und Pailletten
- Schere
- Stecknadeln
- Nähnadel
- Broschennadel (ersatzweise Sicherheitsnadel)
- Klebstoff (extrastark)

Und so wird's gemacht:
1. Stelle einen kleinen Filzfisch her (s. Bastelidee Nr. 211).
2. Stopfe Wollfäden in den Filzfisch, bis er gefüllt ist.
3. Nähe den Spalt mit Steppstich zu und nähe kleine Perlen und Pailletten auf (s. Abbildung).
4. Klebe den Fisch auf eine Broschennadel oder befestige eine Sicherheitsnadel daran.

213. Filzperlenarmband

Für Schwestern und Freundinnen

Du brauchst:
- Filz
- Trinkhalme
- Klebstoff
- Stickgarn
- Gold- oder Silberfaden
- winzige Glasperlen
- Schere
- Nadel
- Gummifaden

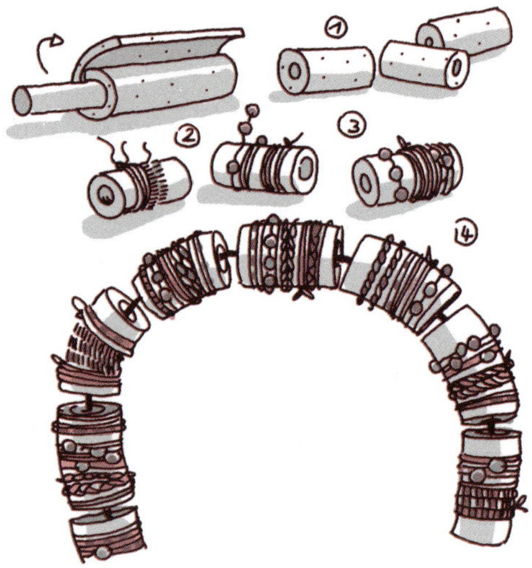

Und so wird's gemacht:
1. Wickle und klebe einen Filzstreifen um einen Trinkhalm und zerschneide ihn in gleich große (ca. 1–2 cm lange) Teilstücke (Trinkhalmperlen).
2. Verschönere jedes Teilstück, indem du es mit Stickgarn, Gold- und Silberfäden umwickelst. Binde die Fadenenden fest (s. Abbildung).
3. Fädle einzelne Mini-Glasperlen auf Stickgarn oder Faden und wickle sie mit den Fäden fest um jedes Teilstück.
4. Miss ein Stück Gummiband ab, das als Armband um dein Handgelenk passt, fädle die Trinkhalmperlen auf und verknote die Enden des Gummifadens.

214. Pappnase

SCHNELL GEMACHT

Zum Verkleiden

Du brauchst:
- Eierkarton
- rote Plakafarbe
- Gummifaden
- Schere

Und so wird's gemacht:
1. Verwende einen Eierbecher des Eierkartons als Pappnase. Schneide seitlich jeweils ein Loch für das Gummiband ein.
2. Bemale die Nase mit roter Plakafarbe und lass sie trocknen.
3. Ziehe ein Gummiband durch die seitlichen Löcher und verknote die Enden.

215. Alien

Zum Verkleiden

Du brauchst:
- Eierkarton
- grüne Plakafarbe
- Gummifaden
- Schnur

Und so wird's gemacht:
1. Schneide zwei zusammenhängende Eierbecher zu einer Brille zu. Schneide Augenschlitze aus und seitlich jeweils ein Loch für das Gummiband ein.
2. Bemale die Brille mit grüner Plakafarbe und lass sie trocknen.
3. Ziehe ein Gummiband durch die seitlichen Löcher und verknote die Enden. Setze eine schwarze Strumpfhose als Mütze auf, schmiere dein Gesicht mit grüner oder brauner Schminke ein und setze dann die Brille auf.

216. Feen- oder Zauberhut

Zum Verkleiden

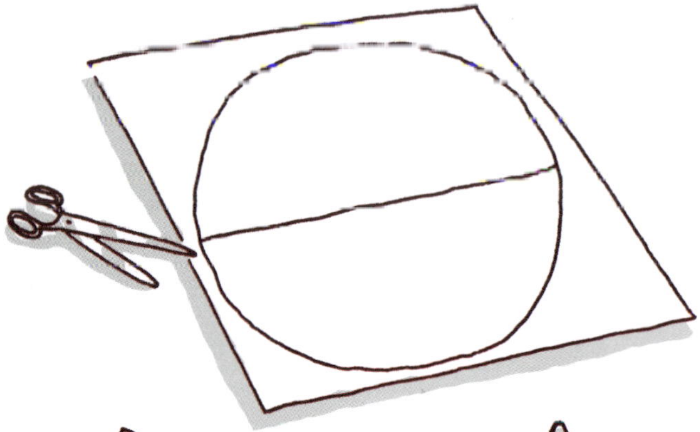

Du brauchst:
- großen runden Pfannendeckel (Durchmesser mindestens 30 cm)
- farbigen Karton (DIN A3 oder größer)
- gekräuseltes Geschenkband oder einen Tüllstreifen
- Schere
- Bleistift
- Klebeband
- Aufkleber, Glitzersterne, Pailletten

Und so wird's gemacht:
1. Leg den Topfdeckel auf den Zeichenkarton und umfahre ihn mit einem Bleistift.
2. Schneide den Kreis aus und dann in zwei Hälften.
3. Klebe die Seiten der Halbkreise so zusammen, dass ein Kegel entsteht. Oben soll eine kleine Lücke offen bleiben.
4. Ziehe das Geschenkband oder den Tüllstreifen durch das Loch und klebe ihn innen mit Klebeband fest.
5. Bohre an zwei Seiten des Hutes jeweils ein kleines Loch. Ziehe ein Band hindurch und knote es von innen fest.
6. Verziere den Hut nach Lust und Laune mit Aufklebern, Glitzersternen, Pailletten oder selbstgemalten und ausgeschnittenen Buchstaben oder Figuren.

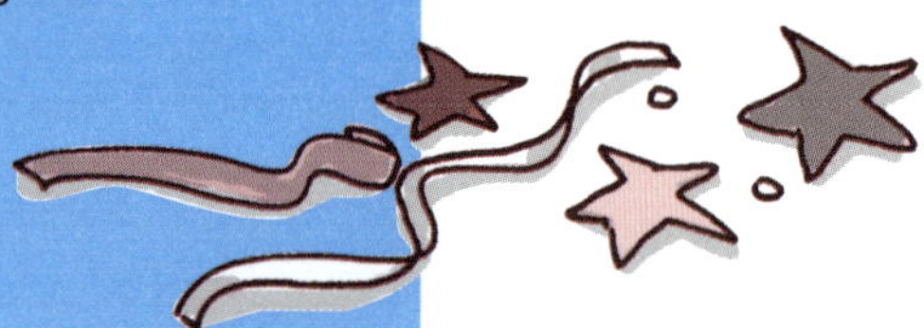

Extra-Tipp:
Nach derselben Anleitung kannst du natürlich auch einen Zauberhut basteln. Verwende dazu schwarzen Karton und beklebe ihn mit gelben oder goldenen Motiven.

217. Prinzessinnen-Diadem

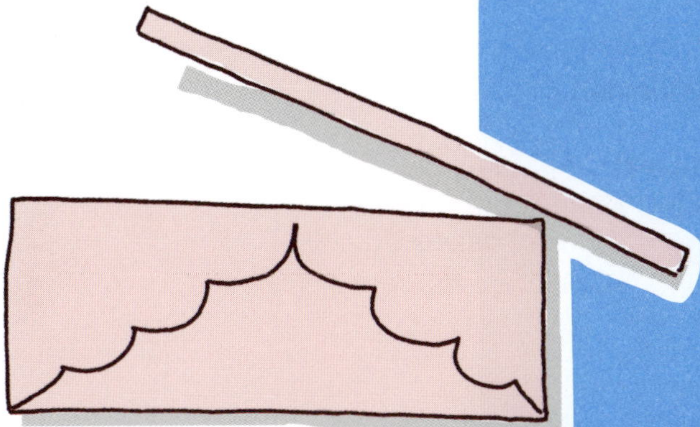

Zum Verkleiden

Du brauchst:
- Spiegelkarton oder Gold- und Silberfolie
- Pailletten oder Glitzersternchen
- Glitzerfarbe
- Perlen- oder Paillettenbänder
- Klebstoff (Zweiphasenkleber, extrastark)
- Schere
- Bleistift
- Lineal

Und so wird's gemacht:
1. Zeichne mit Bleistift und Lineal auf die Rückseite des Spiegelkartons (bzw. der Gold- und Silberfolie) einen 60 cm langen und 2 cm breiten Streifen und schneide ihn aus.
2. Zeichne auf die Rückseite des Spiegelkartons die Diademform auf, ungefähr 20 x 6 cm (s. Abbildung). Schneide die Form aus.
3. Klebe auf die Vorderseite des Diadems Pailletten und Bänder, sodass es schön verziert ist.
4. Klebe das Diadem in die Mitte des schmalen Streifens, wie in der Abbildung gezeigt.
5. Klebe die Enden des Streifens so zusammen, dass das Diadem genau auf deinen Kopf passt. Es sollte nicht zu eng sitzen, aber auch nicht rutschen!

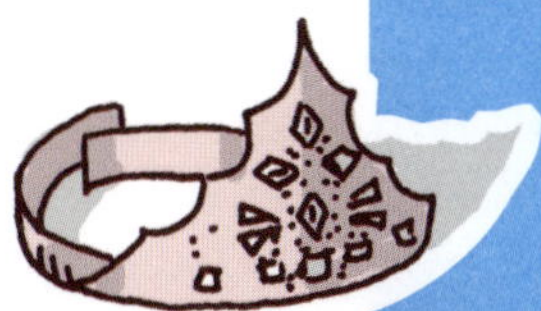

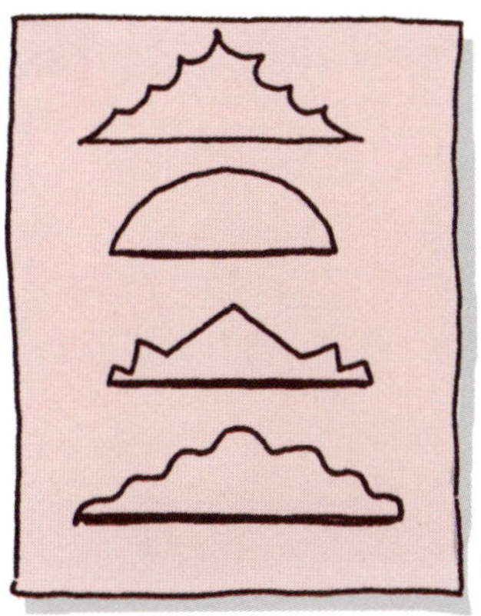

218. Bärenmaske

Zum Verkleiden

Extra-Tipp:
Natürlich kannst du auch ganz andere Tiergesichter für deine Maske erfinden. Wie wäre es mit einer Froschmaske, einer Katzen- oder Hundemaske? Deiner Fantasie sind keine Grenzen gesetzt!

Du brauchst:
- 2 weiße Pappteller
- 1 leeren Mini-Joghurtbecher
- Schere
- Klebeband
- Klebstoff
- braunes Seidenpapier
- Plakafarbe (braun und schwarz)
- Pinsel
- Nadel
- Gummiband

Und so wird's gemacht:
1. Lege den Pappteller mit der Vorderseite nach unten auf einen Tisch.
2. Stelle den Joghurtbecher wie eine Schnauze (Öffnung nach unten) auf den Pappteller und umfahre ihn mit einem Bleistift.
3. Male Augen oberhalb der Schnauze (s. Abbildung).
4. Schneide den Kreis und die Augenöffnungen auf dem Pappteller aus.
5. Schiebe den Joghurtbecher von unten durch den Kreis und befestige ihn mit Klebeband.
6. Bohre auf beiden Seiten der Maske mit der Nadel ein Loch und fädle ein Gummiband durch, das den Umfang deines Kopfes hat. Knote die Enden fest und probiere die Maske auf.
7. Schneide aus einem anderen Teller zwei Ohren aus und klebe sie hinten mit Klebeband fest.
8. Bemale die Maske mit brauner Plakafarbe.
9. Beklebe das Bärengesicht mit zerknüllten Schnipseln und braunem Seidenpapier. Verziere auch die Außenränder der Ohren mit den Schnipseln.
10. Betupfe die Schnauzenspitze und den Mund mit schwarzer Plakafarbe.

219. Huhnmaske

Zum Verkleiden

Du brauchst:
- Tonpapier (weiß, gelb und rot)
- Gummifaden
- Nadel
- Klebstoff
- Schere
- Bleistift
- Klebeband

Und so wird's gemacht:
1. Zeichne mit Bleistift auf das weiße Tonpapier einen ovalen Hühnerkopf (s. Abbildung) und schneide ihn aus.
2. Zeichne auf den Kopf kreisförmige Augen und schneide sie aus.
3. Schneide aus gelbem Tonpapier einen dreieckigen Schnabel aus und klebe ihn auf das Gesicht.
4. Schneide aus rotem Tonpapier einen Kamm aus und klebe ihn auf den Kopf des Huhns.
5. Bringe auf beiden Seiten der Maske ein Loch an, ziehe einen Gummifaden durch, der um deinen Kopf passt, und verknote die Enden.

220. Clown-Perücke

Zum Verkleiden

Du brauchst:
- alte Herrenbademütze
- dicke Wolle
- Klebstoff
- Schere
- Paketband

Und so wird's gemacht:
1. Schneide von der Wolle viele gleich lange Stücke als Clownshaare ab.
2. Klebe die Fäden am Innenrand der Mütze als Haare fest.
3. Fixiere die Fäden innen mit Paketband, damit die Haare beim Auf- und Absetzen der Perücke nicht wieder abreißen.

Extra-Tipp:
Und so schminkst du dich als Clown:

221. Häschen-Ohren

SCHNELL GEMACHT

Zum Verkleiden

Du brauchst:
- Haarreifen
- braunen Fotokarton oder Pappe
- Klebeband
- Schere

Und so wird's gemacht:
Schneide aus festem Fotokarton Hasenohren aus und klebe sie mit Klebeband an den Haarreifen.

Extra-Tipp:
Natürlich kannst du auch Katzen- oder Schweineohren auf den Haarreifen kleben. Auch Fühler von Marienkäfern kann man so basteln.

222. Schneeflocke

Zum Verkleiden

Du brauchst:
- 3–4 Papiertaschentücher
- Schere
- 3–4 Haarklemmen
- weißes Haarband

Und so wird's gemacht:
1. Schneide einen ca. 1 cm breiten Streifen vom Rand eines Taschentuchs ab.
2. Halbiere das Tuch, sodass zwei rechteckige Hälften entstehen.
3. Lege die beiden Hälften aufeinander und beginne auf der Schmalseite damit, das Tuch wie eine Ziehharmonika zu falten.
4. Binde den gefalteten Papierstreifen in der Mitte mit dem 1 cm breiten Streifen zusammen und mache einen Knoten.
5. Löse vorsichtig die oberste Papierschicht und schiebe sie in Richtung Knoten. Löse dann die nächste Papierschicht, sodass eine nelkenartige Blüte entsteht.
6. Stelle auf diese Weise 3–4 solcher Blüten her.
7. Binde dein Haar mit einem weißen Haarband aus dem Gesicht und befestige daran mit Klemmen die Papiernelken.

Extra-Tipp:
Schminke dein Gesicht weiß und trage weiße Kleidung. Aus Wattebällchen und Faden kannst du dir Schneeflockenketten basteln (s. Bastelidee Nr. 150) und dir um den Hals hängen. Statt weißer Papiernelken kannst du natürlich auch weiße Wollpompons aus dem Bastelladen an das Haarband klemmen.

Bastelmaterialien für Kinder ab 6 Jahren

Für Eltern sind auf S. 141 ausführlichere Angaben zu einigen (teilweise gesundheitsschädlichen) Bastelmaterialien nachzulesen.

Papier und Pappe
Pappe
Kartons
Toiletten- und Küchenpapierrollen
Eierkartons und Pappschachteln
Pappteller
Wellpappe
Tonpapier
Transparentpapier
Buntpapier
Alufolie
Goldpapier
Zeitungspapier

Farben (ungiftig) und Klebstoffe (ungiftig und lösungsmittelfrei)
Plakafarbe
Wasserfarbe
Wachsmalkreiden
Lebensmittelfarbe
Fingerfarben
Filzstifte
Kleister
Klebstoff
Klebeband
Bleistift
Pinsel

Stoffe, Bänder und Nähutensilien
Filz
Stoffreste
Seiden- und Geschenkband
Faden
Gummifaden
Nähseide
Nadeln (z.B. Stopfnadeln mit großem Öhr zum Auffädeln von Perlen)

Sonstige Materialien
Watte
Korken
Haushaltsgummis
Plastikbecher (z.B. Joghurtbecher)
Dosen
Marmeladengläser mit Deckel
Knete
Modelliermasse, selbsthärtend
Moosgummi
Bindfaden
Perlen
Glitzersternchen und Pailletten
Blumendraht
Lineal
Schere (am besten Kinderschere)

Fundstücke aus der Natur
Holz, Rinde etc.
Moos, Gräser, Heu, Blüten, Blätter
Zapfen, Früchte und Schalen
Kieselsteine, Schneckengehäuse
Muscheln, Federn

Geräte und Materialien, die nur von Erwachsenen oder älteren Kindern (ab 11) unter Aufsicht eines Erwachsenen verwendet werden sollten:
Kerzen
Teelichter
Streichhölzer und Feuerzeuge
heißes Wasser
Herd, Kochplatten und Backofen
Bügeleisen
Sprühdosen (z.B. Kunstschnee, Klarlack)
Kontaktkleber (extrastark, lösungsmittelfrei)
Leim
Gips
Stoffmalfarben
Acryllack, -farbe (wasserlöslich, mit dem Umweltzeichen)
Serviettenlack (wasserlöslich)
Klarlack (wasserlöslich, mit dem Umweltzeichen)
Zaponlack
Schere (spitz)
Cutter
Säge
scharfe Küchenmesser
Vorbohrer
Nadeln (spitz), Stecknadeln

Kleines Material-ABC (für Mütter und Väter)

Acryllack dient zum Lackieren von Holz, Metall, Leder, Glas, Papier usw. Er wird auf der Basis von so genannten Acrylharzen hergestellt und enthält gesundheitsschädliche Lösungsmittel in unterschiedlichen Anteilen. Ist der Anteil von Wasser hoch und der des Lösungsmittels niedrig, sind auch Konservierungsstoffe und bleihaltige Hilfsstoffe meist nur in geringen Mengen enthalten, der Lack kann damit das Umweltzeichen „Blauer Engel" erhalten. Trotz des geringeren Anteils an Lösungsmitteln und anderen gesundheitsschädlichen Substanzen muss man beim Lackieren grundsätzlich gut lüften, da dabei große Mengen an Lösungsmitteln freigesetzt werden. Gebrauchte Pinsel nicht mit Lösungsmittel reinigen, sondern nach Gebrauch im Sondermüll entsorgen! Kinder von lösungsmittelhaltigen Lacken fernhalten!

Acrylfarbe für den Bastelbedarf ist ein wasserverdünnbarer Acryllack. Er deckt gut, ist lichtecht und leicht zu streichen. Die Farben sind untereinander mischbar. Man kann fast alle trockenen, fettfreien und sauberen Untergründe wie z.B. Holz, Papier, Keramik, Kunststoff, Leinwand, Metall, Styropor® etc. damit bemalen. Die Farbe ist aber aus oben genannten Gründen für kleine Kinder nicht geeignet!

Alles-, Vielzweck- und Kontaktkleber ohne Lösungsmittel sind geeignet zum Kleben von Materialien mit glatten, nicht saugfähigen Oberflächen. Sie sind nicht feuergefährlich, geruchsarm, auswaschbar bei 40 °C, auch für Styropor® geeignet, trocknen schnell und bleiben transparent. Lösungsmittelfreier Klebstoff ist ein für ältere Kinder geeigneter Bastelkleber.

Dispersionsfarbe ist die am häufigsten verwendete Wandfarbe und kann wisch-, wasch-, scheuer- oder wetterbeständig sein. Sie enthält wasserunlösliche Bindemittel (Natur- und Kunstharze), die als relativ große feste Teilchen im Wasser fein verteilt (dispergiert) sind. Nur für ältere Kinder geeignet.

Fingerfarben sind ungiftige, wasserlösliche Farben, die von Kleinkindern ab 3 Jahren unbedenklich verwendet werden können. Sie sind leicht vermal- und mischbar, gut deckend, lichtecht und auswaschbar.

Harz ist der Grundstoff von Klebstoffen.

Klarlack ist ein durchsichtiger, farbloser Lack (z.B. ein durchsichtiger, lösungsmittelhaltiger Acryllack). Klarlack sollte nur von Erwachsenen oder älteren Kindern unter Anleitung bzw. Aufsicht eines Erwachsenen verwendet werden.

Klebstoffe für Kinder sollten grundsätzlich lösungsmittelfrei sein. Es gibt auch extrastarke Kontaktkleber, die lösungsmittelfrei sind.

Kontaktkleber sind Klebstoffe mit Kontaktklebefähigkeit. Sie eignen sich besonders zum Verkleben von dichten Materialien, die lösungsmittelundurchlässig sind und die an der Klebestelle flexibel bleiben sollen (z.B. Schuhsohlen, Ledergürtel). Man kann mit ihnen die unterschiedlichsten Materialien und Untergründe miteinander verbinden. Die zu verklebenden Flächen werden erst nach einer bestimmten Zeit, der Ablüftzeit, unter kurzem, hohem Pressdruck zusammengefügt. Für kleine Kinder sind Kontaktkleber nicht zu empfehlen. Für ältere Kinder kommen lösungsmittelfreie Kontaktkleber als extrastarke Bastelkleber in Betracht.

Kontaktkleben ist ein Verfahren, bei dem die zu verklebenden Teile beidseitig dünn und gleichmäßig mit Klebstoff bestrichen werden. Die Teile werden nicht sofort zusammengefügt, sondern zunächst offen liegengelassen (das Lösungsmittel kann ablüften) bis sich die Klebstoffoberflächen berührtrocken anfühlen. Erst dann werden die Teile sanft aufeinandergelegt, ausgerichtet und kurz, aber kräftig zusammengepresst. Dabei ist die Stärke des Drucks und nicht dessen Dauer wichtig. Ist die Kontaktverklebung richtig ausgeführt, lassen sich die Teile nicht mehr korrigieren.

Lack, der wasserlöslich ist, enthält als Löse- und Verdünnungsmittel hauptsächlich Wasser. Als Bindemittel dienen Kunstharze. Da Wasserlacke auch zu etwa 10 Prozent Lösungsmittel und Konservierungsstoffe enthalten, müssen Farbreste als Sondermüll entsorgt werden. Lacke sollten nur von Erwachsenen oder älteren Kindern unter Anleitung bzw. Aufsicht eines Erwachsenen verwendet werden.

Leim ist ein Klebstoff auf Eiweißbasis. Man verwendet ihn vor allem zum Verkleben von Holz. Wichtig ist, dass eine Seite der zu verleimenden Materialien saugfähig ist.

Lösungsmittel sind flüchtige (verdunstende) Flüssigkeiten, die als Hilfsmittel in Lacken und Klebstoffen enthalten sind. Sie sind in der Regel leicht entzündlich, viele auch gesundheitsschädlich, wenn sie eingeatmet werden.

Lösungsmittelhaltige Klebstoffe bestehen aus Harzen bzw. Kautschuken, die durch herkömmliche Lösungsmittel, z.B. Alkohol, Aceton oder Methylacetat, verflüssigt sind. Durch Verdunstung des Lösungsmittels härtet der Klebstoff aus. Das Lösungsmittel muss also durch das Material entweichen können. Bei Holz, Pappe und Leder gelingt das. Bei undurchlässigen, dichten Werkstoffen, wie Metall, Porzellan oder Hartkunststoff muss die Klebefläche möglichst schmal und langgestreckt sein, damit das Lösungsmittel seitlich entweichen kann. Viele Kunststoffe werden von Lösungsmittelklebern mehr oder weniger angegriffen oder sogar aufgelöst. Deshalb sollte man bei der Verklebung von Kunststoffen immer auf die entsprechenden Packungshinweise achten. Für Kinder sind lösungsmittelhaltige Klebstoffe nicht geeignet.

Modelliermasse, die selbsthärtend ist, lässt sich wie Knete verarbeiten, härtet aber an der Luft aus und kann dann bemalt werden. Ofenhärtende Modelliermasse lässt sich durch Kneten formen. Das fertig modellierte Objekt muss aber im Backofen bei 130 °C gehärtet werden.

Moosgummi ist ein 1–3 mm dickes Kunststoffmaterial zum Basteln, das es in vielen Farben gibt. Es fühlt sich weich an, lässt sich gut schneiden, ist wasserfest und bleicht nicht aus.

Plakafarbe ist eine kaseinhaltige, auf Wasserbasis hergestellte Plakatfarbe, die vor allem zum Basteln und im Kunst- und Werkunterricht verwendet wird. Sie wird in Gläsern oder Dosen verkauft und ist für fast alle Untergründe (z.B. Pappe, Karton, Papier, Keramik, Holz, Metall, Glas und Stein) geeignet. Nach ausreichender Trockenzeit (ca. 12–24 Stunden) ist Plakafarbe normalerweise gut wasserfest.

Reaktionsklebstoffe sind Klebstoffe, die aushärten. Sie sind meistens zweikomponentig, das heißt, sie bestehen aus Binder und Härter, die immer getrennt verpackt sind. Kommen beide Komponenten miteinander in Berührung, beginnt eine Reaktion, die den Klebewerkstoff aushärtet und seine Endfestigkeit erreichen lässt.

Sekundenkleber ist ein Reaktionskleber, der wegen seiner Inhaltsstoffe und der starken und schnellen Klebekraft für kleine und ältere Kinder nicht geeignet ist.

Serviettenlack nennt man einen farblosen Lack auf Wasserbasis, den man zum Auftragen von Serviettenmotiven (Serviettentechnik) verwendet. Er lässt sich schnell auftragen, besitzt eine hohe Haftkraft, trocknet transparent und wischfest. Er ist geeignet für Holz, Karton, Stein, Gips, Styropor®, Ton, Papier und viele andere Materialien. Serviettenlack sollte nur von Erwachsenen oder von älteren Kindern unter Anleitung bzw. Aufsicht eines Erwachsenen verwendet werden.

Zaponlack dient zum Lackieren von Holz, Metall, Leder, Glas, Papier usw. Er ist leicht zu verarbeiten, bildet äußerst dünne Überzüge und trocknet sehr schnell, da sich die in ihm enthaltenen Lösungsmittel schon beim Streichen rasch verflüchtigen. Zaponlack erfordert einen absolut trockenen Untergrund, andernfalls lösen sich die Überzüge ab. Zaponlack sollte nur von Erwachsenen oder von älteren Kindern unter Anleitung bzw. Aufsicht eines Erwachsenen verwendet werden. Wie bei allen lösungsmittelhaltigen Lacken sollte man die beim Streichen frei werdenden Dämpfe möglichst nicht einatmen. Deshalb am besten im Freien oder bei offenem Fenster arbeiten! Gebrauchte Pinsel nicht mit Lösungsmittel reinigen, sondern nach dem Gebrauch im Sondermüll entsorgen!

Zweikomponenten-Kleber (z.B. UHU plus endfest 300) benutzt man zum Verkleben sehr harter Materialen (z.B. Porzellan, Stein). Beim Verkleben werden zwei Inhaltstoffe, Binder und Härter, im angegebenen Mischungsverhältnis gut gemischt und innerhalb der Verarbeitungszeit (zwischen einer Stunde und mehreren Stunden, je nach Typ) verbraucht. Ideal für die Verklebung ist eine Temperatur von ca. 20 °C. Die Klebung muss fixiert werden, bis sie vollständig ausgehärtet ist. Für Kinder sind Zweikomponentenkleber nicht geeignet.

Und was machen wir im Frühling?

Anita van Saan, Tom Dahlke

Mach was im Frühling

222 Experimente, Spiele und Bastelideen
Ab 6 Jahren, 144 Seiten, 21 cm x 24 cm
Hardcover
€ 9,95 (D), € 10,30 (A)
ISBN 978-3-89777-472-8
Erhältlich ab Januar 2009

Wie wäre es denn zum Beispiel damit:
- Erbsenhüpfen, Experimente mit Sonnenwärme, Eier-Röntgen-Apparat
- Wettrennen der Keimlinge, Sauerstofffabrik, Blättersauna
- Frühlingsmemory, Pappschuhwettlauf, Gute-Laune-Zauberei
- Seifenblasen-Weitlauf, Wörterdomino, Sammelspaziergang
- Mini-Kressebeet, Gärtchen im Glas, Frühlingstöpfe
- Pflanzenschildchen, Erdbeermus, Batik-Shirt
- Blumenkalender, Osterzweige, Glibber-Eier

Viel Spaß im Frühling!